大学生创新创业与人才培养模式

张文欣　宋振华　路　璐　著

哈尔滨出版社
HARBIN PUBLISHING HOUSE

图书在版编目（CIP）数据

大学生创新创业与人才培养模式 / 张文欣，宋振华，
路璐著. -- 哈尔滨 ：哈尔滨出版社，2024. 6. -- ISBN
978-7-5484-8003-7

Ⅰ. G647.38

中国国家版本馆CIP数据核字第2024S24U00号

书　　名：**大学生创新创业与人才培养模式**
DAXUESHENG CHUANGXIN CHUANGYE YU RENCAI PEIYANG MOSHI

作　　者：张文欣　宋振华　路　璐　著
责任编辑：韩伟锋
封面设计：张　华

出版发行：哈尔滨出版社（Harbin Publishing House）
社　　址：哈尔滨市香坊区泰山路 82-9 号　邮编：150090
经　　销：全国新华书店
印　　刷：廊坊市广阳区九洲印刷厂
网　　址：www.hrbcbs.com
E - mail：hrbcbs@yeah.net
编辑版权热线：（0451）87900271　87900272

开　　本：787mm×1092mm　1/16　印张：14.25　字数：300 千字
版　　次：2024 年 6 月第 1 版
印　　次：2024 年 6 月第 1 次印刷
书　　号：ISBN 978-7-5484-8003-7
定　　价：76.00 元

凡购本社图书发现印装错误，请与本社印制部联系调换。

服务热线：（0451）87900279

前　言

　　随着科技的飞速发展和社会需求的不断变化，培养具有创新创业精神的大学生已经成为高校教育的迫切需求。创新创业教育不仅能够为学生提供更多实践机会，增强其综合素质，还能够促进社会经济的可持续发展。

　　大学生创新创业教育体系的构建是一个系统工程，需要社会各方的共同努力。只有不断地实践和改革，才能够更好地满足社会对人才的需求，推动高等教育体系的发展。本书通过深入剖析大学生创新创业教育的现状和问题，提出科学合理的构建策略，进而为我国高等教育的创新发展贡献一份力量。本书从创新创业教育角度入手，介绍了创新创业人才培养、创新创业教育体系，接着重点分析了创新创业教育课程体系、创新创业师资队伍建设，并深入探讨了我国高校创新创业人才培养模式的构建以及高校创新创业人才培养中的政府保障机制等内容。

　　本书汇集了作者辛勤的研究成果，值此脱稿付梓之际，作者深感欣慰。写作过程中，本书虽然在理论性和综合性方面下了很大的功夫，但由于作者的寡见鲜闻，以及文字表达能力的限制，使得本书在专业性与可操作性方面还存在着较多不足。对此，希望各位专家、学者和广大的读者能够予以谅解，并提出宝贵意见，作者当尽力完善。

目　录

第一章 创新创业教育

第一节 创新创业概述

一、创新的定义、内涵与类型

（一）创新的定义与内涵

党的十八大以来，习近平对创新发展提出了一系列重要思想和论断，把创新发展提高到事关国家和民族前途命运的高度，摆到了国家发展全局的核心位置。党的十八届五中全会提出"五大发展理念"，排在首位的就是"创新发展"。创新是引领发展的第一动力。

近代以来，人类文明进步所取得的丰硕成果，主要得益于科学发现、技术创新和工程技术的不断进步；得益于科学技术应用于生产实践中形成的先进生产力；得益于近代启蒙运动所带来的人们思想观念的巨大解放。可以这样说，人类社会从低级到高级、从简单到复杂、从原始到现代的进化历程，就是一个不断创新的过程。不同民族发展的速度有快有慢，发展的阶段有先有后，发展的水平有高有低，究其原因，民族创新能力的大小是一个主要因素。

1. 创新的定义。创新是指以现有的思维模式提出有别于常规或常人思路的见解为导向，利用现有的知识和物质，在特定的环境中，本着理想化需要或为满足社会需求的思想，而改进或创造新的事物、方法、元素、路径、环境，并能获得一定有益效果的行为。

创新是人类特有的认识能力和实践能力，是人类主观能动性的高级表现，是推动民族进步和社会发展的不竭动力。一个民族要想走在时代前列，就一刻也不能没有创新思维，一刻也不能停止各种创新。创新在经济、技术、社会学及建筑学等领域的研究中有着举足轻重的作用。从本质上说，创新是创新思维蓝图的外化、物化。

20世纪80年代以来，我国也开始了技术创新方面的研究，傅家骥先生对技术创新的定义是"企业家抓住市场的潜在盈利机会，以获取商业利益为目标，重新组织生产条件和要素，建立起效能更强、效率更高和费用更低的生产经营方法，从而推出新的产品、新的生产（工艺）方法、开辟新的市场、获得新的原材料或半成品供给来源或建立企业新的组织，它是一个包含科技、组织、商业和金融等一系列活动的综合过程。"此定义是从企业的角度给出的。彭玉冰、白国红也从企业的角度为技术创新下了定义："企业技术创新是企业家对生产要素、生产条件、生产组织进行重新组合，以建立效能更好、效率更高的新生产体系，获得更大利润的过程。"

进入21世纪，在信息技术的推动下，知识社会的形成及其对技术创新的影响进一步被人们所认识，科学界对创新的认识有了进一步的反思：技术创新是一个科技、经济一体化的过程，是在技术进步与应用创新"双螺旋结构"共同作用下的产物。

2.创新的内涵。马克思主义经济学的根本在于劳动概念，而创新是劳动的基本形式，是劳动实践的阶段性发展。基于科学的人类进化、自我创造的发展学说的经济学思想，是来自人类自我内在矛盾创造的实践思想。劳动价值论是马克思主义经济学的核心，它揭示出社会发展的本质变量。其在广义上是一切社会存在的基本决定要素。

创新劳动是劳动的阶段性发展，是对同质劳动的超越。劳动的基本矛盾关系是生产工具与劳动力，劳动力与生产工具的发展推动着生产力整体的革命性进步。创新是人类对于其实践范畴的扩展性发现、创造的结果。创新在人类历史上首先表现为个人行为，在近代实验科学发展起来后，创新在不同领域就不断成为一种集体性行为。但个人的独立实践对于前沿科学的发现及创新依然起着引领作用。创新的社会化推动着社会生产力的整体进步。

人类创造自我的行为就是以发现、创新的质变到重复、积累的量变。对自然及社会的发现是创新的前提条件。人类来自自然物质世界，以创新自我的物质形态为起源，对社会本身的发现与创造构成新的社会关系。在个人的发现及创新以各种信息系统传播开来形成社会化的大生产后，就形成了以人民为主导的生产力体系。这个体系主要是重复新的生产技术的生产过程，同时积累财富与实践范畴。在某个时期表现为被新的劳动者发现新的领域及创新的新的生产方式所超越，这是一个质变与量变交替发展的阶段。

创新的社会化与创新成果的社会化是相辅相成的。创新社会依赖创新成果的有效社会化。创新成果的有效社会化同时是创新劳动的社会价值实现，同时其创造了创新理念的社会化。从社会历史发展的过程来看，创新的社会化根本是创新劳动行为的社会化。

创新行为的社会化与分工的社会化结合在一起形成了总体对于简单劳动的超越性发展。在经济领域，创新是劳动的一个重要的阶段性成果，是生产力发展的阶段性标志。其是社会经济发展的前置因素，是形成规模性效益的源泉。创新与积累劳动形成经济发展的两大矛盾性劳动根源。创新的价值在于以新的生产方式重新配置生产要素形成新的生产力，创造新形式的劳动成果或者更大规模的生产；在于创新成果社会化过程对于经济领域的路径选择或者创造新的路径。创新价值是从个别主体的垄断价值到社会再生产的普遍价值转化。

创新劳动的价值论在于创新成果的分配过程，分配又取决于所有制。从社会关系的发展史看，财富的流通过程就是形成社会各个主体间关系的直接路径。但社会财富在生产过程中的分工才是根本的决定通道，决定分工的竞争要素取决于劳动者的劳动素质。

创新劳动的根本问题在于创新劳动者自我。劳动者的劳动是对自我劳动素质的创造。人虽来自自然，却是靠自己创造了自我的人格与生命的统一。人的内在矛盾要素就是人的自我创造并在有意识的连续发展中。人在一定实践范畴中，无时不在超越已有的生命经历。

社会创新是社会人对社会关系的创新性发展。其对社会关系的内在本质及范畴的发现和创新是对人类自我解放的自觉实践的反映。只有人类自觉的自我解放行为才可以形成真的社会创新，才可以形成整体的社会革命性创新。社会的革命性创新路径依赖的是生产力的解放，是劳动人民内在自我解放能力的提升，是劳动科技中劳动者素质及工具的整体进步。其最终表现为所有劳动者的社会化总体生产力的提升与劳动者作为人的存在的发展。

（二）创新的类型

创新虽有大小、层次之分，但无领域、范围之限。虽然创新的种类是无穷无尽的，但是若按大的属性划分，可以粗略地分为知识创新、技术创新、管理创新和方法创新四大类。

1. 知识创新。知识创新就是对现有知识构成要素进行新的组合或分解，是在现有知识基础上的进步或发展，是在现有知识基础上的发明或创造。知识是人们在探索、利用或改造世界的实践中所获得的认识和经验的总和。人们一般将知识分为自然科学知识和社会科学知识两类。因此，知识创新也可以进一步划分为自然科学知识创新和社会科学知识创新。

（1）自然科学知识创新。自然科学是研究自然界的各种物质或现象的科学。自然科学主要包括物理学、化学、动物学、植物学、矿物学、生理学、数学等。自然科学知识是人们在探索或改造自然界的各种物质或现象的实践中获得的认识和经验的总和。

自然科学知识创新就是对现有自然科学知识构成要素进行新的组合或分解，是在现有自然科学知识基础上的进步或发展，是在现有自然科学知识基础上的发明或创造。

（2）社会科学知识创新。社会科学知识是人们在探索或改造社会的各种现象的实践中获得的认识和经验的总和，是人们在探索或改造社会的各种现象的实践中获得的对哲学、法律学、管理学、历史学、文艺学、美学、伦理学等方面的各种现象的认识和经验的总和。

社会科学知识创新就是对现有社会科学知识构成要素进行新的组合或分解，是在现有社会科学知识基础上的进步或发展，是在现有社会科学知识基础上的发明或创造。

2. 技术创新。技术创新就是对现有技术构成要素进行新的组合或分解，是在现有技术基础上的进步或发展，是在现有技术基础上的发明或创造。"技术"一词一般有两层含义：第一层含义是指人们在探索、利用和改造自然界和社会的各种物质或现象的过程中积累起来并在生产劳动或社会实践中体现出来的经验和知识。第二层含义是泛指各种操作技巧。技术一般可以分为自然科学技术和社会科学技术两大类。技术创新也可以进一步分为自然科学技术创新和社会科学技术创新。

（1）自然科学技术创新。自然科学技术就是人们在探索、利用和改造自然界的各种物质或现象的过程中积累起来并在生产劳动中体现出来的物理学、化学、动物学、植物学、矿物学、生理学、数学等学科领域的经验、知识和各种操作技巧。

自然科学技术创新就是对现有自然科学技术构成要素进行新的组合或分解，是在现有自然科学技术基础上的进步或发展，是在现有自然科学技术基础上的发明或创造。自然科学技术创新包括物理学、化学、动物学、植物学、矿物学、生理学、数学等学科领域的技术的创新。

（2）社会科学技术创新。社会科学技术就是人们在探索、利用和改造社会各种现象的过程中积累起来并在社会实践中体现出来的哲学、法律学、管理学、历史学、文艺学、美学、伦理学等学科领域的经验、知识和各种操作技巧。

社会科学技术创新就是对现有社会科学技术构成要素进行新的组合或分解，是在现有社会科学技术基础上的进步或发展，是在现有社会科学技术基础上的发明或创造。社会科学技术创新包括哲学、法律学、管理学、历史学、文艺学、美学、伦理学等学科领域的技术创新。

知识创新与技术创新作为人类创新活动的主要方面，互相之间存在着复杂的交互作用。知识创新是技术创新的基础，技术创新是知识创新的应用与发展。

3. 管理创新。管理创新就是对现有管理构成要素进行新的组合或分解，是在现有管理基础上的进步或发展，是在现有管理基础上的发明或创造。"管理"一词一般有三层含义：一是负责某项工作，使其顺利进行；二是保管和料理；三是照管并约束。但是从本质上看，管理的主要构成要素是管理知识、管理制度、管理技术和管理方法。管理可进一步分为行政管理、企业管理、事业管理、团体管理和个人管理五类。管理创新也可以进一步分为行政管理创新、企业管理创新、事业管理创新、团体管理创新和个人管理创新。

（1）行政管理创新。行政管理一般有两层含义：第一层含义是指行使国家权力的管理；第二层含义是指机关、企业、团体等内部的管理。但其管理的原理、规律和方法是相同或相似的。因此，这里探讨的行政管理既包括行使国家权力的管理，又包括机关、企业、团体等内部的管理。

行政管理创新就是对现有行政管理构成要素进行新的组合或分解，是在现有行政管理基础上的进步或发展，是在现有行政管理基础上的发明或创造。行政管理创新既包括行使国家权力的管理创新，又包括机关、企业、团体等内部的管理创新。行政管理创新是行政管理知识创新、行政管理制度创新、行政管理技术创新和行政管理方法创新的总称。

（2）企业管理创新。企业管理是指从事生产、运输、贸易等经济活动部门（如工厂、矿山、铁路、贸易公司等）的管理。企业管理的共性是企业部门按照经济核算的原则，独立计算盈亏。

企业管理创新就是对现有企业管理构成要素进行新的组合或分解，是在现有企业管理基础上的进步或发展，是在现有企业管理基础上的发明或创造。企业管理创新是企业管理知识创新、企业管理制度创新、企业管理技术创新和企业管理方法创新的总称。

（3）事业管理创新。事业管理是指没有生产收入、由国家经费开支的部门（如学校、科研机构等）的管理。事业管理的共性是事业部门不进行经济核算。

事业管理创新就是对现有事业管理构成要素进行新的组合或分解，是在现有事业管理基础上的进步或发展，是在现有事业管理基础上的发明或创造。事业管理创新是事业管理知识创新、事业管理制度创新、事业管理技术创新和事业管理方法创新的总称。

（4）团体管理创新。团体管理是指对由有共同的目的、志趣的人所组成的集体的管理。团体管理一般具有行政管理、企业管理和事业管理的综合特征。

团体管理创新就是对现有团体管理构成要素进行新的组合或分解，是在现有团体管理基础上的进步或发展，是在现有团体管理基础上的发明或创造。团体管理创新是团体管理知识创新、团体管理制度创新、团体管理技术创新和团体管理方法创新的总称。

（5）个人管理创新。个人管理主要是指对个人的管理，如家庭的管理，个人管理具有灵活性和多样性的特征。

个人管理创新就是对现有个人管理构成要素进行新的组合或分解，是在现有个人管理基础上的进步或发展，是在现有个人管理基础上的发明或创造。

4.方法创新。方法是指人们在探索、利用或改造世界的实践中积累起来的观察问题、分析问题或解决问题的途径、程序或诀窍等。

方法创新就是对现有方法的构成要素进行新的组合或分解，是在现有方法基础上的进步或发展，是在现有方法基础上的发明或创造。方法创新是永无止境的，其种类也是无穷无尽的。

二、创业的含义与类型

（一）创业的含义

创业是指某个人发现某种信息、资源、机会或掌握某种技术，利用或借用相应的平台或载体，将其发现的信息、资源、机会或掌握的技术，以一定的方式，转化、创造成更多的财富、价值，并实现某种追求或目标的过程。

创业就是创业者对自己拥有的资源或通过努力能够拥有的资源进行优化整合，从而创造出更大的经济或社会价值的过程。

创业就是利用创造创新的思维和方法，创造出某种对人类、对社会或者对个人有益的具体成果的过程。创业是理论创新或科技创新等成果向实际生产力的转化，由实际过程和具体结果来体现。这里所说的创业结果，是指各种各样的企业和事业，而且具有好的经济效益和（或）社会效益。

通常意义上，创业是人类社会生活中最能体现人的主体性的一项社会实践活动。它是一种劳动方式，是一种需要创业者组织、运用服务、技术、器物作业的思考、推理、判断的行为。创业有广义和狭义之分。广义的创业是指社会生活各个领域里的人为开创新的事业所从事的社会实践活动，其突出强调的是主体在能动性的社会实践中所体现的一种特定的精神、能力和行为方式。狭义的创业是一个经济学的范畴，是指主体以创造价值和就业机会为目的，通过组建一定的企业组织形式，为社会提供产品服务的经济活动。

创业成功带来的财富是巨大的，不仅是个人能力的体现，还能够为一部分人提供就业岗位，为社会做出贡献。根据杰夫里·提蒙斯所著的创业教育领域的经典教科书《创业创造》中的定义：创业是一种思考、推理结合运气的行为方式，它为运气带来的机会所驱动，需要在方法上全盘考虑并拥有和谐的领导能力。

创业具有以下特点：是创造具有"更多价值"的新事物的过程；需要贡献必要的时间，付出极大的努力；承担必然存在的风险，如财务、精神、社会风险等；能够获得报酬，如金钱、独立自主、个人满足等。

创业是一种劳动方式，是一种"无中生有"的财富现象。创业过程充满了艰辛和挫折，而且还需要坚持不懈地付出努力。渐进的成功也会给创业者带来无穷的欢乐与幸福。创业作为商业领域的行为，致力于寻求创造新事物（新产品、新市场、新生产过程或原材料、组织现有技术的新方法）的机会，以及运用各种方法加以利用和开发。科尔在1965年将创业定义为发起、维持和发展以利润为导向的企业的有目的性的行为。史蒂文森、罗伯茨和苟斯拜客提出，创业是一个人（无论是独立的还是在一个组织内部）追踪和捕捉机会的过程，这一过程与当时控制的资源无关。

（二）创业的类型

1.按照人群数量分类。《科学投资》期刊中包含国内上千例创业者案例，经过研究后发现国内的创业者基本可以分为以下几种类型。

（1）生存型创业者。此类创业者大多为下岗工人、失去土地或因为种种原因不愿困守乡村的农民，以及刚刚毕业找不到工作的大学生。这是我国数量最大的一批创业人群，清华大学的调查报告指出这一类型的创业者，占中国创业者总数的90%。其中许多人是为了谋生被"逼上梁山"，一般创业范围均局限于商业贸易，少量从事实业，但也基本是规模不大的加工业。当然也有因为抓住机遇成长为大中型企业的，但数量极少。仅仅想依靠机遇成就大业，早已经成为不切实际的幻想。

（2）变现型创业者。过去在党、政、军、行政、事业单位掌握一定权力，或者在国有、民营企业担任经理人期间聚拢了大量资源的人，在机会适当的时候开公司、办企业，实际是将过去的权力和市场关系变现，将无形资源变现为有形的货币。20世纪80年代末至90年代中期，第一类变现型创业者最多，现在则以第二类变现型创业者居多。但第一类变现型创业者当前又有抬头的趋势，而且相当一部分人受到地方政府的鼓励。例如，一些地方政府出台鼓励公务员带薪"下海"、允许政府官员创业失败之后重新回到原工作岗位的政策，都在为第一类变现型创业者创造机会。这是一种公然破坏市场经济环境、人为制造市场不公平竞争的行为。

（3）主动型创业者。主动型创业者包括两种类型：一种是盲动型创业者，另一种是冷静型创业者。盲动型创业者大多极为自信，做事冲动。有人说，这种类型的创业者大多也是博彩爱好者，不太关注成功概率。冷静型创业者是创业者中的精英，其特点是谋定而后动，不打无准备之仗，或是掌握资源，或是拥有技术，一旦行动，成功的概率通常很高。

2. 按照创业起步方式分类。不同类型的创业者因为不同的动机而走上创业的道路，个人背景、生活经历等方面的差异会让他们选择不同的创业类型，也就是不同的起步方式。按照创业起步方式的不同，创业类型主要包括以下几种：

（1）离职创立新公司，新公司与创业者原来任职公司属于不同行业，但也面临着激烈的市场竞争。

（2）新公司由原行业精英组成，集合众家之长，发挥竞争优势。

（3）创业者运用原有的专业技术与顾客关系创立新公司，并且能够提供比原公司更好的服务。

（4）接手一家营运中的小公司，快速实现个人创业梦想。

（5）创业者拥有专业技术，能预先察觉未来市场变迁与顾客需求的新趋势，把握机会，创立新公司。

（6）针对特定的市场需求，自己创办公司，使之具有服务特殊市场的专业能力与竞争优势。

（7）创业者为创办新企业，在一个刚萌芽的新市场中从事创新，企图获得领先创新的竞争优势，但相对的，不确定性风险也比较高。

（8）离职创立新公司，产品或服务和原有公司相似，但是在流程与营销上有所创新，能提供让顾客更满意的产品与服务。

3. 按照创业模式分类。就过程来看，根据对市场的不同认识，创业者多会采用以下四种创业模式：

（1）复制型创业。复制原有公司的经营模式，创新的成分很低。例如，某人原本在某餐厅担任厨师，后来离职自行创办了一家与原服务餐厅类似的新餐厅。新创公司中属于复制型创业的比例虽然很高，但由于这类创业的创新贡献率太低，缺乏创业精神的内涵，因此，不是创业管理主要研究的对象，很少会被列入创业管理课程中学习的对象。

（2）模仿型创业。这种形式的创业，无法带来新价值的创造，创新的成分也很低，但与复制型创业的不同之处在于，创业过程对创业者而言具有很大的冒险成分。例如，某纺织公司的经理辞掉工作，开了一家当下流行的网络咖啡店。这种形式的创业具有较高的不确定性，学习过程长，犯错机会多，代价也较高昂。这种创业者如果具有适合的创业人格特性，经过系统的创业管理培训，掌握正确的市场进入时机，还是有很大机会获得成功的。

（3）安定型创业。这种形式的创业，虽然为市场创造了新的价值，但对创业者而言，本身并没有面临太大的改变，从事的也是比较熟悉的工作。这种创业类型强调的是创业精神的实现，也就是创新的活动，而不是新组织的创造，企业内部创业即属于这种类型。例如，研发单位的某小组在开发完成一项新产品后，继续在该企业部门开发另一项新产品。

（4）冒险型创业。这种类型的创业，除了给创业者本身带来极大的改变，也使得个人前途的不确定性大大提高。对新企业的产品创新活动而言，也将面临很高的失败风险。冒险型创业是一种难度很高的创业类型，有较高的失败率，但成功后所获得的报酬也很惊人。这种类型的创业如果想要获得成功，必须在创业者能力、创业时机、创业精神发挥、创业策略研究拟订、经营模式设计、创业过程管理等方面，都有很好的搭配。

想创业，首先必须深入地了解创业，通过调查与学习，人们才能拥有自己的经验，才能为以后的创业铺平道路。了解创业的类型，为自己选择一条合适的出路，也就是为自己选择合适的生活。

三、创新与创业的关系

虽然创业与创新是两个不同的概念，但是二者却存在着本质上的一致性：内涵上的相互包容和实践过程中的互动发展。第一次提出"创新"概念的熊彼特认为，创新是生产要素和生产条件的一种从未有过的新组合，这种新组合能够使原来的成本曲线不断更新，由此会产生超额利润或潜在的超额利润。创新活动的这些本质内涵，体现着它与创业活动本质上的一致性和关联性。创新是创业的基础，而创业推动着创新。

创业和创新在本质上具有一致性，即都具有"开创"的性质，只不过，创新一般多指理论、思维方面的创造活动，是整个创造活动的第一阶段；创业是实际活动中的创造，是创新思维、理论和技法的应用与现实体现，属于创造活动的第二阶段，也是创新的终极目的。

一方面，科学技术、思想观念的创新，促进着人们物质生产和生活方式的变革，产生了新的生产和生活方式，进而为整个社会不断地提供新的消费需求，这是创业活动之所以源源不断的根本动因；另一方面，创业在本质上是一种创新性实践活动。无论是何种性质、类型的创业活动，它们都有一个共同的特征，那就是创业是主体的、一种能动的、开创性的实践活动，是一种高度的自主行为。在创业实践的过程中，主体的主观能动性将会得到充分的发挥和张扬，正是这种主观能动性充分体现了创业的创新性特征。

创新最早是一个经济学概念。狭义的创新是指把技术和经济结合起来，即创新是从新思想的产生到产品设计、试制、生产、营销和市场化的系列行动。广义的创新是力求将科学、技术、教育等与经济融汇起来，即创新表现为不同参与者和机构（包括企业、政府、大学、科研机构等）之间交互作用的网络。在这个网络中，任何一个节点都可能成为创新行为实现的特定空间。创新行为因而可以表现在技术、体制或知识等不同的侧面。随着科学技术的突飞猛进和社会经济的飞速发展以及人们创新意识的加强和创新水平的提升，创新已不再仅局限于经济方面，而是扩展到政治、科技、文化、军事、社会生活的各个方面，出现了许多新的创新概念，如科技创新、产业创新、技术创新、体制创新、管理创新、金融创新、知识创新、政治创新、军事创新、教育创新、文化创新、观念创新、理念创新、企业创新和社会创新等。简而言之，创新就是将新的观念和方法付诸实施，创造出与现存事物不同的新事物，从而改善现状。只要是新的事物、观念付诸实施，并得到认可，推动人类社会进步的过程就是创新。

而创业实际上就是一种经济投资，主要表现为经济领域的活动，使没有的职业或行业被开创出来，使已有的行业和职业做大做强。经济领域内创业的基本类型包括：按创业主体的性质划分，可分为个人独立创业和公司附属创业；按创业的不同起点划分，可分为创建新企业和公司再创业；按制度创新层次划分，可分为基于产品创新而创建企业、基于市场营销模式创新而创建企业和基于企业组织管理体系创新而创建企业。我们可以看到，这些类型的创业都与创新紧紧相连。但是本书中所介绍的创业，还涵盖行政、事业等各个领域，只要在这些范围内利用创新的理论和手段取得良好的结果，都可以称为创业。

第二节　创新创业教育概述

一、创新创业教育的定义与演变

随着社会经济的不断发展和科技的飞速进步，创新创业已经成为推动社会进步和经济增长的重要动力之一。为培养具备创新精神和创业能力的人才，创新创业教育逐渐崭露头角，并在教育体系中占据重要地位。本文将探讨创新创业教育的定义与演变，分析其在不同阶段的发展过程，以及其在塑造学生素质和促进社会创新创业中扮演的角色。

（一）创新创业教育的定义

创新创业教育是一种旨在培养学生创新思维和创业能力的教育体系。它涉及从早期教育到高等教育的全过程，目的是激发学生的创造潜能，培养他们在面对未知挑战时能够灵活应对的能力。创新创业教育不仅仅是传授知识，更强调学生在实践中的体验和反思，培养他们的团队协作能力、沟通能力以及解决问题的能力。

随着社会发展需要的不断增加，创新创业教育的定义也在不断演变。最初，它主要注重培养学生的创业技能，使他们具备独立创业的能力。然而，随着社会对创新能力的需求不断增加，创新创业教育逐渐强调培养学生的创新思维和创新意识，使他们能够在各个领域中不断创新，推动社会进步。

（二）创新创业教育的演变过程

1.起步阶段：强调创业技能培养

创新创业教育最初的阶段主要侧重于培养学生的创业技能。这一阶段的教育主要以商业计划和创业实践为主，旨在使学生能够理解市场机会、制订创业计划并将其付诸实践。这个阶段的创新创业教育主要关注实际操作，培养学生的实际经验和实战能力。

2. 转型阶段：注重创新思维培养

随着社会对创新能力的需求不断增加，创新创业教育逐渐转向注重创新思维的培养。在这个阶段，教育不仅关注创业实践，还强调培养学生的创新意识、创新思维和创新方法。学生在这一阶段不仅要学会如何创业，还需要学会如何在各种情境下进行创新。

3. 深化阶段：全面培养创新创业人才

随着创新创业教育的不断发展，它从创业技能和创新思维的培养阶段逐渐深化为全面培养创新创业人才的阶段。这个阶段的创新创业教育强调培养学生的跨学科能力、团队协作能力和拓宽学生的国际视野，使他们能够在复杂多变的社会环境中脱颖而出。

（三）创新创业教育的角色与意义

1. 塑造学生素质

创新创业教育通过注重实践和实践中的反思，培养学生的动手能力和创新思维，帮助他们更好地适应未来社会的需求。学生在创新创业教育中获得的团队协作、沟通与解决问题的能力，将在其职业生涯中发挥重要作用。

2. 促进社会创新创业

创新创业教育的目的不仅在于培养个体的创新创业能力，更在于推动整个社会的创新创业。通过培养大量具备创新思维和创业能力的人才，创新创业教育为社会提供了源源不断的创新动力，促进了产业升级和社会进步。

3. 适应未来经济发展需求

随着科技的不断发展和全球经济格局的变化，未来社会对创新创业人才的需求将更加迫切。创新创业教育通过培养学生的创新能力，使其能够更好地适应未来社会的经济发展需求，进而为社会培养了更多的创新型人才。

总的来说，创新创业教育的定义与演变是一个与社会经济发展和科技进步相互关系的过程。随着时代的变迁，创新创业教育逐渐从单一的创业技能培养转变为更全面的创新创业人才培养，注重学生的创新思维、团队协作和国际竞争力的培养。创新创业教育的发展与社会需求紧密相连，不仅为个体提供了更广阔的职业发展空间，也为社会经济的可持续发展提供了源源不断的创新动力。

（四）创新创业教育的挑战与应对

尽管创新创业教育在发展过程中取得了显著成果，但仍然面临着一系列挑战。了解并应对这些挑战对于进一步推动创新创业教育的发展至关重要。

1. 课程体系的不足

一些创新创业教育项目在课程体系上存在不足，无法全面覆盖学生所需的创新创业知识和技能。为了更好地应对这一挑战，教育机构应不断优化创新创业课程，确保涵盖领域广泛、层次丰富的内容，使学生能够全面发展。

2. 师资队伍建设存在短板

有效的创新创业教育需要具备丰富实践经验和行业洞察力的教育者。当前，一些教育机构的师资队伍在这方面仍存在短板。解决这一问题的途径包括加强教师培训，引入企业导师，促进学术界与产业界的合作，以提高师资队伍的实战水平。

3. 评价体系不够健全

由于创新创业教育注重实践性，传统的考核评价体系往往无法全面反映学生的综合能力。建立科学、合理的评价体系，包括项目评估、实际操作、团队合作等多维度的考核方式，是提高创新创业教育效果的重要手段。

4. 与产业对接的不足

一些创新创业教育项目与实际产业对接不足，导致学生在实际创业过程中面临的问题与课堂的教学内容存在脱节的现象发生。建立更紧密的产业合作关系，通过实习、实训、项目合作等方式将使学生将理论学习与实际产业结合起来，有助于提高学生的实际应用能力。

5. 文化认知的差异

不同地区、不同文化背景的学生对创新创业的理解和认知存在差异。为了更好地满足多元化的需求，创新创业教育需要在内容和形式上更具包容性，考虑到不同文化背景下学生的差异性需求。

在应对这些挑战的过程中，教育机构、政府和产业界需要共同努力，建立更为完善的创新创业教育生态系统，进而促使创新创业教育更好地为学生和社会服务。

创新创业教育作为适应时代发展需求的重要组成部分，不断演变和发展。从最初的创业技能培养到如今的全面创新创业人才培养，创新创业教育在培养学生的实践能力、创新思维能力和团队协作能力等方面发挥着重要作用。然而，创新创业教育面临的挑战也不可忽视，需要各方共同努力，共建创新创业教育的美好未来。创新创业教育不仅关乎个体的成长，更关乎整个社会的可持续发展，是推动社会经济发展和科技创新的不可或缺的力量。

二、创新创业教育在国家发展战略中的地位

随着全球经济的激烈竞争和科技的迅猛发展，创新创业已成为推动国家经济增长和社会进步的重要引擎。为培养更多具有创新精神和创业能力的人才，各国纷纷将创新创业教育纳入国家发展战略的重要组成部分。本文将深入探讨创新创业教育在国家发展战略中的地位，分析其在促进经济、社会和科技创新方面的作用，以及国家政策在推动创新创业教育方面的举措。

（一）创新创业教育与国家发展战略的关系

1.创新创业促进经济增长

创新创业是推动经济增长的关键因素之一。通过培养创新创业人才，能够使国家催生出更多的创新企业和新兴产业，提高整体产业水平，推动经济不断向高端、高附加值方向发展。创新创业教育的目标之一就是激发学生的创新意识和创业精神，使其能够在未来的职业生涯中成为创新的推动者和经济的创造者。

2.促进社会创新和可持续发展

创新创业教育不仅仅关系到经济层面，还关系到社会和可持续发展层面。通过培养具有社会责任感和可持续发展意识的创新创业人才，国家能够推动社会创新，解决各种社会问题，促进社会的健康稳定发展。这种社会创新能力的培养有助于构建更加和谐、可持续的社会。

3.应对科技变革挑战

面对科技的迅速发展和全球竞争的加剧，国家需要具备创新创业能力的

人才来引领科技创新和产业变革。创新创业教育不仅仅关注理论知识的传授，更注重学生的实际操作能力和解决问题能力的培养，使他们能够更好地应对科技变革带来的挑战，为使国家在全球科技竞争中立于不败之地提供有力支持。

4. 推动人才培养模式创新

传统的教育模式难以适应创新创业人才的培养需求。创新创业教育推动了人才培养模式的创新，强调实践和实际操作，注重团队协作和跨学科融合，培养出更具综合素养和创新能力的人才。这种人才培养模式创新有助于提高毕业生的综合素质，使其能够更好地适应未来社会的发展需求。

（二）国家政策与创新创业教育的互动

1. 制定创新创业政策框架

许多国家通过制定创新创业政策框架，明确创新创业教育在国家发展战略中的地位。这些政策框架通常包括对创新创业教育的目标、重点领域、政策支持措施等方面的规划，为创新创业教育的全面推进提供了政策支持。

2. 设立专门机构负责创新创业教育

一些国家设立了专门的机构，负责统筹规划和推动创新创业教育的发展。这些机构通常负责制定创新创业教育的政策，组织实施相关项目和活动，促进学校、企业和政府等多方合作，推动创新创业教育的全面发展。

3. 建立产学研结合的创新创业基地

为了加强创新创业教育与实际产业的对接，一些国家建立了产学研结合的创新创业基地。这些基地旨在提供实践机会、行业资源和创新平台，帮助学生更好地将理论知识应用到实际创业实践中，加速创新成果的孵化和转化。

4. 鼓励企业参与创新创业教育

为了促进产学研合作，一些国家通过施行税收优惠政策、设立科技创新基金等方式鼓励企业参与创新创业教育。企业的参与不仅可以为学生提供实际操作和实践机会，还有助于将创新创业教育与市场需求更紧密地结合起来，提高教育的实用性和就业效果。

5. 推动创新创业教育国际化

部分国家将创新创业教育纳入国际化战略，鼓励学生参与国际创新创业项目、交流和合作。这有助于拓宽学生的国际视野，提高他们在跨文化背景下的创新和合作能力，更好地适应全球化的经济和科技环境。

6.建立创新创业教育评估体系

为了确保创新创业教育的质量和效果，一些国家建立了创新创业教育的评估体系。通过评估学生的创新创业成果、学科知识水平和实际应用能力，国家可以及时调整和改进教育体系，提高创新创业教育的实效性。

7.加强师资队伍建设

国家通过加强对师资队伍的建设，可以提高创新创业教育的教学水平。这包括对教师进行培训，从而强化教师的创新创业理念并增加教师的实践经验，鼓励教师参与实际创新创业项目，提升教师在创新创业教育中的指导和引领能力。

8.整合资源支持创新创业教育

一些国家通过整合各类资源，包括资金、实验室、创业基地等，为创新创业教育提供更全面的支持。这有助于创新创业教育项目的规模化和可持续发展，为更多学生提供创新创业的机会。

（三）创新创业教育在不同国家的实践

1.美国的创新创业教育实践

在美国，创新创业教育已经深入学校教育体系。大学和高中纷纷开设创新创业课程，提供孵化器、加速器等创新创业平台。此外，美国还通过创新创业竞赛、企业合作等形式，促进学生实际创业经验的积累。

2.中国的创新创业教育实践

中国近年来也加大了对创新创业教育的支持力度。政府出台支持政策，推动创新创业教育融入高等教育体系。各级学校逐渐建立了创新创业教育中心，开展创新创业课程和实践活动。创新创业大赛、创业导师计划等项目也在全国范围内开展，激发了学生的创新创业热情。

3.欧洲的创新创业教育实践

欧洲国家注重培养学生跨文化和跨学科的创新创业能力。一些国家将创新创业教育融入教育体系，并通过跨国合作、交流项目等方式促进学生的国际化创新创业能力培养。欧洲还倡导社会创新，将社会责任和可持续发展理念融入创新创业教育。

4. 日本的创新创业教育实践

日本通过推动大学创新创业教育、加强产业与学界的合作，致力于培养具有创新精神和实际创业能力的人才。政府提供创业资金、创新基地等支持，鼓励学生参与创业实践。与企业合作的实习项目也成为创新创业教育的一部分。

（四）创新创业教育的未来趋势

1. 强化实践导向，注重跨学科融合

未来，创新创业教育将更加注重实践导向，重视学生在实际项目中的参与和实践经验的积累。同时，将跨学科融合纳入创新创业教育的核心，培养学生具备多领域合作的能力。

2. 数字化技术融入创新创业教育

随着数字化技术的发展，未来的创新创业教育将更加注重数字化技术的融入。虚拟现实、人工智能等技术将为创新创业教育提供更多实验和模拟的机会，拓展学生的创新思维。

3. 强化国际化视野

未来的创新创业人才需要具备更宽广的国际化视野，因此创新创业教育将更加注重国际交流与合作。学生将有更多机会参与到国际性的创新创业项目、国际化的创业实践当中，从而成长为具备全球竞争力的创新创业人才。

4. 拓展创新创业教育的受众群体

未来的创新创业教育将更加注重覆盖更广泛的受众群体。除了大学生，中小学阶段的学生也将成为创新创业教育的重要受众。通过对早期创新创业意识进行培养，有助于使学生成长过程中树立积极的创业态度。

5. 深化产学研合作，促进科技成果转化

未来的创新创业教育将更加强调产学研合作，将科技创新与实际产业深度结合。鼓励学校与企业建立更紧密的合作关系，推动科技成果的转化和商业化，为学生提供更多创业的机会和支持。

6. 注重创新创业教育的社会影响力

未来的创新创业教育将更注重培养具有社会责任感和影响力的创新创业人才。通过注重项目中社会创新、可持续发展等理念的传输，使学生在创新创业过程中考虑社会和环境的影响，致力于解决社会问题。

7.建立全球化的创新创业教育网络

未来，全球范围内的创新创业教育将形成更为紧密的网络。国际教育合作将更加密切，学生将有机会参与到跨国的创新创业项目当中，共享全球创新创业资源和经验。

8.持续关注创新创业教育的质量评估

随着创新创业教育的发展，对其质量的关注将成为重要议题。建立科学、系统的评估机制，关注学生的创新创业成果、能力提升情况以及教育的社会效益，有助于不断提高创新创业教育的水平和增强创新创业教育的效果。

在未来，创新创业教育将更加贴近时代的需求，全力培养具备创新精神、实际操作能力和社会责任感的创新创业人才。国家发展战略中对创新创业教育的重视将不断提升，这将为国家的可持续发展、科技创新和社会进步提供强大支持。创新创业教育将成为推动国家走向创新型社会的关键引擎，为社会培养更多具备创新能力的人才，助力国家在全球竞争中取得更为优势的地位。

第三节　高校开展创新创业教育的现状

一、国内外高校创新创业教育发展概况

创新创业教育在高校中的发展逐渐成为全球高等教育体系中的一项重要议题。在全球经济竞争日益激烈、科技创新飞速发展的背景下，高校创新创业教育旨在培养学生的创新精神、实际操作能力和创业意识，使他们更好地适应社会的需求。本文将分析国内外高校创新创业教育的发展概况，包括发展历程、主要特点、成功经验以及面临的挑战。

（一）国际高校创新创业教育发展概况

1.美国

美国一直是创新创业教育的领军者之一。许多美国高校在创新创业教育方

面积累了丰富的经验和成功案例。以下是美国高校创新创业教育的主要特点：

跨学科融合：美国高校注重跨学科融合，将创新创业教育融入各个专业领域。例如，斯坦福大学的 D.School（设计学院）以及哈佛大学的创业课程就展示了成功的跨学科创新模式。

孵化器和加速器：许多高校设立了创新创业孵化器和加速器，提供资源支持、导师指导、投资渠道等，帮助学生和校友创业。例如，麻省理工学院的 MIT 企业论坛（MIT Enterprise Forum）为初创企业提供了丰富的资源。

创新创业竞赛：美国高校广泛开展创新创业竞赛，如哈佛大学的哈佛商业计划竞赛、MIT 的 100K 挑战等，激发学生的创业热情，推动创新项目的孵化和发展。

2. 欧洲

欧洲各国高校也积极推动创新创业教育，提升学生的创新能力和增加实际操作经验。以下是欧洲高校创新创业教育的一些特点：

强调社会创新：欧洲高校注重培养学生的社会责任感，强调社会创新。例如，英国的剑桥大学通过社会创业项目，鼓励学生运用创新的方式解决社会问题。

国际化教育：欧洲高校倡导国际化创新创业教育，鼓励学生参与国际性的创新项目和交流活动。法国的 HEC 巴黎商学院与斯坦福大学合作推出了全球创业计划，促使学生在全球范围内开展创新创业实践。

政府支持：欧洲一些国家通过政府支持创新创业教育，政府为其提供创业基金、税收优惠等政策，鼓励高校和学生参与创新创业。德国的创业大学项目即是一个政府推动的创新创业教育。

（二）国内高校创新创业教育发展概况

1. 发展历程

中国的高校创新创业教育发展经历了多个阶段。在改革开放初期，高校创新创业教育主要侧重于技术创新和科研成果转化。随着国家创新驱动发展战略的提出，高校逐渐加强了对创新创业教育的投入和支持。近年来，中国高校创新创业教育步入了全面发展的新阶段，逐渐形成了一系列特色鲜明的创新创业教育模式。

2. 主要特点

创新创业教育中心的设立：许多中国高校建立了创新创业教育中心，作为推动创新创业教育的主要平台。这些中心通常负责组织创新创业课程、创业讲座、创新竞赛等活动，同时提供创业孵化、导师指导等服务。

创新创业竞赛的广泛开展：中国高校积极推动各类创新创业竞赛，涵盖了不同层次和领域。例如，中国大学生创业计划竞赛、挑战杯全国大学生创业大赛等成为激发学生创业兴趣和实践的平台。

产业与高校合作：一些高校与产业界开展深度合作，建立实习基地、联合实验室、科技园区等，为学生提供更多实际创业的机会。这种合作不仅有助于创新创业教育的实际效果，还促进了产学研结合。

社会创新和科技创新的结合：中国高校注重培养学生的社会创新能力，使创新创业教育更贴近社会需求。一些高校通过社会实践、社会企业等项目，鼓励学生结合科技创新解决实际社会问题。

3. 成功经验

全校范围的创新创业教育：一些中国高校通过将创新创业教育融入全校范围，跨学科、跨专业地推动创新创业教育。例如，清华大学建设了清华 x-lab 创新实验室，为全校学生提供了一个创新创业的开放平台。

学科交叉融合：一些高校通过学科交叉融合，创设跨专业的创新创业课程，培养具备多领域知识的创新人才。例如，上海交通大学创办了创新创业交叉专业，吸引了来自不同学科背景的学生。

强化实践环节：中国高校逐渐认识到创新创业教育的核心在于实践。通过组织实际项目、企业实习、创业导师制度等方式，提高学生的实际创业经验。

4. 面临的挑战

师资队伍不足：一些高校创新创业教育师资队伍数量相对不足，缺乏具有实际创业经验的导师。加强师资队伍建设，吸引业界专业人士参与教学，成为发展的重要方向。

评价体系不健全：目前的评价体系主要以学科知识为导向，对创新创业能力的评价相对滞后。建立更科学、全面的评价体系，包括项目评估、实践能力等多维度考核，是一个亟待解决的问题。

企业与高校合作难度较大：一些高校在与企业合作方面仍面临一定的困难，包括合作模式不清晰、资源整合难度大等问题。促进企业与高校开展更紧密的合作，将是创新创业教育发展的关键。

学科壁垒和创新能力不均衡：部分高校在推动学科交叉和跨专业创新创业教育时面临学科壁垒和创新能力不均衡的问题。需要加强学科交叉的机制建设，促使各学科更好地融合和互补。

国内外高校创新创业教育的发展取得了显著的成就，不同国家和地区在推动学生创新创业能力培养方面各具特色。通过总结成功经验、面对挑战并提出发展方向，可以为未来高校创新创业教育的不断优化提供有益的借鉴。随着社会的不断变革和科技的飞速发展，高校创新创业教育将继续在培养创新人才、推动科技创新和社会进步等方面发挥重要作用。

二、高校创新创业教育的主要模式和实践

随着全球经济的不断变革和科技的飞速发展，高校创新创业教育成为培养具有创新能力和实际操作能力的人才的重要途径。高校在创新创业教育方面采用了多种模式和实践，旨在激发学生的创新创业意识，培养创业领导力，促进科技创新和社会进步。本文将深入探讨高校创新创业教育的主要模式和实践，包括创业导师制度、创新创业课程体系、创新创业竞赛、孵化器和加速器等方面。

（一）创业导师制度

1.制度概述

创业导师制度是高校创新创业教育中的一项重要举措，旨在为学生提供个性化的创业指导和支持。通过与经验丰富的创业导师进行互动，学生可以获取实际创业经验、行业洞察和专业指导，这能够帮助他们更好地理解市场、制定创业计划、解决实际问题。

2.实践经验

导师选拔与培训：高校通过选拔有丰富创业经验的导师，包括企业家、投资人等，建立创业导师队伍。导师通常需要接受相关培训，了解高校创新创业教育的特点和学生的需求，提高其在指导学生创业过程中的能力。

个性化辅导：创业导师制度注重个性化辅导，导师与学生之间建立密切的互动关系。通过一对一的指导，导师可以更好地了解学生的兴趣、技能和创业项目，为学生提供量身定制的建议和支持。

行业对接：创业导师通常具有丰富的行业资源和人脉，可以帮助学生与行业内的专业人士、投资人、企业家等建立联系。这种行业对接有助于学生更好地了解市场动态，寻找合作伙伴，获得投资支持。

案例分享：创业导师可以通过分享自己的创业经历和成功案例，激发学生的创业热情，同时传授实际操作中的经验教训，帮助学生避免一些常见的创业陷阱。

（二）创新创业课程体系

1.课程设计

创新创业课程体系是高校创新创业教育的核心组成部分，通过系统的课程设计，为学生提供跨学科的知识培训和实际操作的机会。这种体系通常包括创业管理、市场营销、商业计划撰写、团队协作等内容，旨在培养学生的创新思维和创业技能。

2.实践经验

核心课程设置：高校创新创业课程体系通常包括创新管理、创业融资、创业法律、市场营销等核心课程。这些课程覆盖了创业的各个方面，使学生能够全面了解创业过程中的各个环节。

实践性课程：体系中通常包含大量实践性课程，如创业实训、项目实践等。通过参与实际项目，学生能够将理论知识应用到实际操作中，培养实际解决问题的能力。

导师辅导：一些课程体系设计中考虑到导师辅导的重要性，将创业导师与课程结合起来。学生在学习课程的同时可以得到导师的指导，形成理论与实践相结合的教学模式。

跨学科合作：为了培养具备多领域知识的创新人才，一些高校开设了跨学科合作的创新创业课程。这种模式通过将不同专业的学生组成多学科团队，促进了跨学科合作与交流。例如，工程专业的学生可能与商学院的学生共同参与一个创业项目，从而在团队协作中汲取各自的专业优势，形成更全面的创新团队。

创新方法论：课程体系中通常包括创新方法论的教学，引导学生掌握创新思维和解决问题的方法。这些方法论可以包括设计思维、敏捷开发、用户体验设计等，这能够帮助学生更灵活地应对复杂的创业环境。

（三）创新创业竞赛

1. 竞赛形式

创新创业竞赛是高校创新创业教育的一种重要实践模式，通过竞赛的形式激发学生的创新创业热情，提高实际操作能力。这些竞赛形式多种多样，包括商业计划竞赛、创业项目竞赛、创新创业创意大赛等。

2. 实践经验

商业计划竞赛：商业计划竞赛是最为常见的一种创新创业竞赛形式。学生需要通过提交详细的商业计划，包括市场分析、财务预测、团队构建等方面，展示其创业项目的可行性。这种竞赛模式激发了学生对创业项目进行全面思考的能力。

创业项目竞赛：创业项目竞赛更侧重于实际的创业操作。参赛者需要通过实际运营一个创业项目，展示其团队协作、执行能力和创新实践经验。这种竞赛模式更加注重项目的实际执行过程。

创新创业创意大赛：这种竞赛形式注重学生创新创意的发挥。学生可以提交各种创意作品，包括产品设计、科技发明、艺术作品等，从而锻炼其创新能力和独特的思维方式。

国际性竞赛：为了拓宽学生的国际视野，一些高校还鼓励学生参与国际性的创新创业竞赛。这不仅为学生提供了与世界各地优秀团队竞争的机会，同时也促进了国际创新创业经验的交流。

3. 竞赛带来的影响

激发创业激情：参与创新创业竞赛可以激发学生的创业激情，让他们更加深入地了解创业的过程，并通过实践提高实际操作能力。

提高实际操作能力：竞赛通常注重实际操作，学生需要将理论知识应用到实际项目中。这有助于培养学生的实际操作能力，使其更好地适应创业环境。

建立创新团队：参与团队竞赛可以培养学生的团队协作能力，学会与他人合作，组建高效的创新团队。这对于日后的创业合作具有积极的影响。

（四）创业孵化器和加速器

1. 孵化器和加速器的定义

创业孵化器和加速器是为初创企业提供支持的机构，它们通过提供办公空间、导师辅导、投资渠道等资源，帮助初创企业更快速地成长。在高校创新创业教育中，建立创业孵化器和加速器有助于将学生的创意项目转化为实际的商业实体。

2. 实践经验

提供资源支持：创业孵化器和加速器为初创企业提供了办公场地、专业设备、导师咨询等资源支持。这为创业团队提供了一个良好的创业环境，帮助他们更好地发展业务。

导师辅导：孵化器和加速器通常拥有丰富的创业导师资源，提供导师辅导服务。初创企业可以通过与导师的交流，获取商业经验、行业洞察等方面的指导。

投融资渠道：孵化器和加速器往往与投资机构、天使投资人等建立紧密的联系，为初创企业提供投融资渠道。这有助于创业团队获得必要的资金支持，推动项目的进一步发展。

创业社区：创业孵化器和加速器通常形成一个创业社区，囊括了各类初创企业。这种社区环境有助于创业团队之间的交流合作，形成创新的生态系统。学生在这样的社区中能够与其他团队共享经验，互相启发，形成更为有活力的创业氛围。

创业活动和培训：孵化器和加速器通常会组织各类创业活动和培训，包括创业沙龙、行业研讨会、创业讲座等。这些活动为创业者提供了与行业专业人士、成功企业家面对面交流的机会，加深了他们对创业领域的了解。

项目推广和市场拓展：孵化器和加速器能够帮助初创企业进行项目推广和市场拓展。通过组织展会、路演等活动，创业团队有机会向潜在投资人、合作伙伴和客户展示他们的项目，提升项目的知名度和市场影响力。

（五）产学研合作

1. 合作模式

产学研合作是指高校、产业界和科研机构之间建立紧密联系，共同推动科技创新和人才培养。在创新创业教育中，产学研合作为学生提供了更为真实的创业环境和更丰富的资源支持。

2.实践经验

实习和项目合作：高校与企业可以建立实习基地，为学生提供实际创业实习的机会。通过实际项目合作，学生能够将理论知识应用到实际中，了解企业运作的全过程。

共建实验室和研究中心：高校与企业可以共建实验室和研究中心，促进产学研深度合作。这种合作模式有助于将学术研究成果转化为实际应用，推动科技创新。

企业导师和专业人士参与：高校可以邀请企业导师和专业人士参与创新创业教育，为学生提供更为实际的创业指导。企业导师通常具有丰富的行业经验，能够为学生提供实战经验和市场洞察。

科研项目联合申报：高校与企业可以联合申报科研项目，共同开展前沿科研工作。这种形式既有助于提升高校的科研水平，同时也为学生提供了参与创新项目的机会。

技术转移和产业化合作：高校与企业可以进行技术转移和产业化合作，将高校的研究成果转化为实际应用。这种合作模式有助于推动科技创新成果的商业化，并为学生提供创业的实际机会。

（六）面临的挑战

虽然高校创新创业教育在上述方面取得了一系列的成功经验，但也面临着一些挑战：

1.师资队伍建设

一些高校创新创业教育师资队伍数量相对不足，缺乏具有实际创业经验的导师。高校需要加强师资队伍建设，吸引业界专业人士参与教学，提升教学水平。

2.评价体系不健全

目前的评价体系主要以学科知识为导向，对创新创业能力的评价相对滞后。建立更科学、全面的评价体系，包括项目评估、实践能力等多维度考核，是一个亟待解决的问题。

3. 企业与高校合作难度

一些高校在与企业合作方面仍面临一定的困难，包括合作模式不清晰、资源整合难度大等问题。促进企业与高校开展更紧密的合作，将是创新创业教育发展的关键。

4. 学科壁垒和创新能力不均衡

部分高校在推动学科交叉和跨专业创新创业教育时面临学科壁垒和创新能力不均衡的问题。需要加强学科交叉的机制建设，促使各学科更好地融合和互补。

5. 课程更新和实际项目融合

一些创新创业课程体系存在滞后问题，不能及时跟进市场和行业的发展。需要加强课程更新，引入更多实际项目，确保教学内容与实际需求紧密结合。

6. 创新创业环境建设

一些高校的创新创业环境相对闭塞，缺乏创业资源、创新创业平台和创业文化的培养。高校需要更加积极地建设创新创业生态系统，提供更丰富的创业资源和平台，同时营造浓厚的创业文化，激发学生的创业热情。

7. 课程实践与理论结合

一些创新创业课程虽然涵盖了丰富的理论知识，但在实践环节上存在不足。加强课程实践与理论的结合，通过更多实际项目、企业合作等方式，提高学生的实际操作能力。

8. 创业教育国际化

面对全球化的挑战，高校创新创业教育需要更加注重国际化。与国际高校、企业建立更紧密的合作关系，吸引国际学生和教师参与创新创业教育，推动全球范围内的创新创业合作。

高校创新创业教育在培养创新人才、推动科技创新和社会进步等方面发挥着重要作用。高校致力于通过创业导师制度、创新创业课程体系、创新创业竞赛、孵化器和加速器、产学研合作等多种模式和实践，为学生提供全面的创业培训和支持。

以上面临的挑战是不可忽视的，需要高校在师资队伍建设、评价体系建设、与企业的合作、学科交叉融合等方面持续努力，不断完善创新创业教育体系，提高创新创业人才的质量。

未来，随着社会的不断变革和科技的不断进步，高校创新创业教育将继续发展，不断探索新的模式和实践，以更好地适应时代的需求，为培养具有创新精神和实际操作能力的优秀人才做出更大的贡献。创新创业教育的成功发展将促进社会经济的繁荣，推动科技创新的不断涌现，为构建创新型国家和社会注入源源不断的活力。

三、创新创业教育在高校课程体系中的位置

随着全球经济的不断发展和科技的迅速进步，创新和创业能力已经成为现代社会中不可或缺的核心素养。为培养具有创新思维、创业精神的人才，高校纷纷引入创新创业教育，将其纳入课程体系，为学生提供更为丰富的知识和技能的培养。本文将深入探讨创新创业教育在高校课程体系中的位置，探讨其在培养学生创新创业能力方面的作用、挑战和未来发展方向。

（一）创新创业教育的概念和重要性

1. 创新创业教育的概念

创新创业教育是一种旨在培养学生创新思维、创业意识和实际操作能力的教育形式。它强调通过实际项目、创业实践、导师指导等方式，使学生在校园中就能接触并理解真实商业环境，培养学生创造、创新和实践的能力。

2. 创新创业教育的重要性

适应社会需求：创新创业是推动社会进步和经济发展的重要动力。培养具有创新创业能力的人才，有助于更好地满足社会的发展需求，促进产业升级和转型。

提高就业竞争力：具备创新创业能力的人才在就业市场上更具竞争力。创新创业教育能够为学生提供创业经验、项目管理技能等方面的培训，增加其在职场中的优势。

推动科技创新：创新创业教育有助于培养科技创新人才，推动科技研究成果向市场转化。学生在创新创业的过程中，能够更好地将理论知识应用到实践中，促进科技创新的发展。

（二）创新创业教育在高校课程体系中的地位

1. 创新创业教育的整合

在高校课程体系中，创新创业教育逐渐被整合到各个学科和专业中。它不再仅仅是某一专业的附加课程，而是融入到学科体系中，与其他学科形成有机的关联。

跨学科整合：创新创业教育往往跨足多个学科领域，与工程、管理、人文等学科形成交叉融合。这有助于培养更具综合素养的创新型人才，使他们能够在多领域中运用创新思维。

专业融合：不同专业的学生在创新创业教育中能够共同参与实际项目，通过团队合作，各自发挥专业优势。这种专业融合有助于建立更为全面的创业团队，提高其解决实际问题的能力。

2. 创新创业课程的设立

为了更好地实现创新创业教育的整合，高校在课程体系中设立了专门的创新创业课程。这些课程旨在为学生提供创新思维、商业计划制订、市场分析等方面的系统培训。

核心课程设置：高校通常设置创新创业核心课程，包括创业管理、创新思维、商业模式设计等。这些课程为学生提供了创业所需的理论知识和实践技能。

实践性课程：创新创业课程注重实践性，通过实际项目、实训等方式，让学生在真实的创业环境中学习。这有助于将理论知识与实际操作相结合，提高学生的实际创业能力。

3. 创业导师制度的建立

为了更好地指导学生进行创新创业实践，一些高校建立了创业导师制度。创业导师通常是经验丰富、在创业领域有一定成就的专业人士，他们能为学生提供创业方面的咨询、指导和支持。

导师选拔与培训：高校通过选拔具有丰富创业经验的导师，包括企业家、投资人等，建立创业导师队伍。这些导师通常需要接受相关的培训，了解高校创新创业教育的特点和学生的需求。

个性化辅导：创业导师制度注重个性化辅导，导师与学生之间建立密切的互动关系。通过一对一的指导，导师可以更好地了解学生的兴趣、技能和创业项目,为学生提供量身定制的建议和支持。

行业对接:创业导师通常具有丰富的行业资源和人脉,可以帮助学生与行业内的专业人士、投资人、企业家等建立联系。这种行业对接有助于学生更好地了解市场动态,寻找合作伙伴,获得投资支持。

案例分享:创业导师通过分享自己的创业经历和成功案例,激发学生的创业热情,同时传授实际操作中的经验教训,帮助学生避免一些常见的创业陷阱。

4.创新创业竞赛的举办

创新创业竞赛是高校创新创业教育的一项重要组成部分。这种竞赛形式不仅能够激发学生的创新激情,还能够为学生提供一个展示和实践的平台。

商业计划竞赛:学生可以通过提交详细的商业计划,包括市场分析、财务预测、团队构建等,证明其创业项目的可行性。这种竞赛形式激发了学生对创业项目进行全面思考的能力。

创业项目竞赛:这种竞赛更侧重于实际的创业操作。参赛者需要通过实际运营一个创业项目,展示其团队协作能力、执行能力和创新实践经验能力。这种竞赛模式更加注重项目的实际执行过程。

创新创业创意大赛:这种竞赛形式注重学生创新创意的发挥。学生可以提交各种创意作品,包括产品设计、科技发明、艺术作品等,从而锻炼其创新能力和独特的思维方式。

国际性竞赛:为了拓宽学生的国际视野,一些高校还鼓励学生参与国际性的创新创业竞赛。这不仅为学生提供了与世界各地优秀团队竞争的机会,同时也促进了国际创新创业经验的交流。

5.创业孵化器和加速器的建设

为了将学生的创意项目转化为实际的商业实体,高校建设了创业孵化器和加速器。这些机构通过提供办公空间、导师辅导、投资渠道等资源,帮助初创企业更快速地成长。

提供资源支持:创业孵化器和加速器为初创企业提供了办公场地、专业设备、导师咨询等资源支持。这为创业团队提供了一个良好的创业环境,帮助他们更好地发展业务。

导师辅导:孵化器和加速器通常拥有丰富的创业导师资源,提供导师辅导服务。初创企业可以通过与导师的交流，获取商业经验、行业洞察等方面的指导。

投融资渠道：孵化器和加速器往往与投资机构、天使投资人等建立紧密的联系，为初创企业提供投融资渠道。这有助于创业团队获得必要的资金支持，推动项目的进一步发展。

创业社区：创业孵化器和加速器通常形成一个创业社区，囊括了各类初创企业。这种社区环境有助于创业团队之间的交流合作，形成创新的生态系统。

（三）创新创业教育的实践和案例

这些案例通常是与现实商业问题相关的，通过学生的团队合作，提供创新的解决方案。这有助于学生将理论知识应用到实践中，培养解决实际挑战的能力。

企业实习与合作项目：创新创业教育也包括学生在企业实习和合作项目中的经验。通过与企业合作，学生可以深入了解实际业务运作，学习企业文化，同时将所学知识应用到实际项目中。这有助于建立学生与企业之间的紧密联系，为毕业后的就业奠定基础。

创新创业导师制度：一些高校建立了创业导师制度，为学生提供有针对性的创业指导。导师通常是在创业领域有丰富经验的专业人士，能够为学生提供实用的创业建议、行业洞察以及实践经验。这种导师制度有助于学生更好地了解创业领域，规范创业思维。

（四）创新创业教育的挑战

尽管创新创业教育在高校课程体系中的地位逐渐被得到认可，但也面临一系列挑战。

1. 师资队伍建设

创新创业教育需要具备丰富实战经验的师资队伍，而一些高校在这方面仍存在短板。师资队伍的建设需要更多关注实际创业经验，吸引成功企业家、行业专家等参与到创新创业教育当中。

2. 评价体系不完善

传统的学科评价体系难以全面评估创新创业能力。需要建立更为科学的评价体系，包括项目评估、实践能力等多维度考核，以更好地反映学生在创新创业方面的综合能力。

3. 与企业的合作难度

一些高校在与企业的合作中仍然存在一些困难，包括合作模式不明确、资源整合难度大等问题。加强与企业的深度合作，建立更加紧密的产学研关系，是需要进一步努力的方向。

4. 跨学科融合不足

创新创业往往需要跨足多个学科领域，但一些高校在跨学科融合方面存在不足。需要加强学科交叉的机制建设，鼓励不同专业的学生共同参与创新创业项目。

5. 课程体系更新滞后

创新创业领域的发展日新月异，但一些高校的课程体系更新滞后，未能及时跟进市场和行业的发展。需要建立更灵活的课程体系，引入最新的创新创业理念和实践案例。

6. 创新创业环境建设不足

一些高校的创新创业环境相对闭塞，缺乏相关的创业资源、平台和文化。需要加大对创新创业基地、孵化器、实验室等创业环境的建设力度，营造更为有利的创新创业氛围。

（五）未来发展方向

为了更好地推动创新创业教育在高校课程体系中的发展，未来可以从以下几个方向努力：

1. 拓宽课程范围

在创新创业教育中，可以进一步拓宽课程范围，引入更多前沿领域的知识，如人工智能、区块链、生物科技等。这有助于满足不同学科背景学生的需求，培养更全面的创新人才。

2. 强化实践环节

强化创新创业教育中的实践环节，包括实际项目、企业实习、创业导师制度等。通过更多的实际操作，使学生能够更深入地理解创新创业的本质，培养学生解决实际问题的能力。实践环节可以通过创业实训、模拟企业运营等形式来实现，使学生能够在真实场景中运用所学知识。

3. 加强与企业的合作

高校应该加强与企业的深度合作，建立更为紧密的产学研关系。通过与企业合作开设实践性项目、提供实习机会、共建实验室等方式，使学生能够更好地融入实际创业环境，增加就业竞争力。

4. 引入国际元素

为了适应全球化的趋势，高校创新创业教育可以引入更多的国际元素。通过与国际高校、企业建立合作关系，组织国际创业竞赛、交流项目等，促进学生与国际同行的交流与合作，培养具有国际视野的创新人才。

5. 创新创业文化建设

创新创业文化对于培养创新人才至关重要。高校可以通过举办创业讲座、行业研讨会、创业沙龙等活动，营造浓厚的创新创业氛围。此外，建立创业者交流平台，让成功的创业者分享经验，能够激发更多学生的创业热情。

6. 强化综合素养培养

创新创业教育不仅要注重传授知识和技能，更要注重学生综合素养的培养。强化创新思维、团队协作、沟通表达等软技能的培养，使学生在创新创业过程中能够更好地适应变化、解决问题。

7. 创新创业教育与社会需求紧密对接

创新创业教育的发展应紧密对接社会需求，不断调整课程内容和形式。通过与产业界、政府等多方面的对接，了解行业发展趋势，及时调整创新创业教育内容，确保培养的创新人才更符合市场需求。

8. 推动科技创新

高校创新创业教育应当与科技创新密切结合，推动科技研究成果向市场转化。建立与科研机构、企业的深度合作，促进学术界和实际产业的有机结合，为学生提供更多参与科技创新的机会。

创新创业教育在高校课程体系中的地位越来越重要，对于培养学生的创新创业能力、提升就业竞争力以及推动社会进步都发挥着重要作用。通过整合创新创业课程、建设创业导师制度、组织创新创业竞赛、搭建孵化器和加速器等手段，高校积极推动创新创业教育发展。

然而，面对挑战和变革，高校创新创业教育仍需要不断调整和改进。师资队伍建设、完善评价体系、与企业的深度合作、创新创业文化建设等方面需要持续加强。未来，高校可以向拓宽课程范围、强化实践环节、加强国际合作、推动创新创业文化建设等方面努力，为培养更多具有创新精神和实际操作能力的优秀人才做出更大的贡献。创新创业教育将成为高校课程体系中的一支重要力量，为社会发展和产业升级提供源源不断的人才支持。

第四节　高校创新创业教育的影响因素

一、社会经济环境对创新创业教育的影响

创新创业教育作为培养创新人才、促进社会经济发展的重要手段，在不断变化的社会经济环境中发挥着关键作用。社会经济环境的发展水平、产业结构、创业机会等因素直接影响着创新创业教育的需求和发展方向。下面将深入探讨社会经济环境对创新创业教育的影响，分析其中的机遇与挑战，并探讨高校应如何适应和引领社会经济变革，推动创新创业教育取得更大的成就。

（一）社会经济环境的演变

1. 经济全球化趋势

随着科技的发展和信息通信技术的普及，全球范围内经济联系日益紧密。跨国公司的崛起、跨境贸易的增加以及全球产业链的形成，都使得经济全球化成为不可逆转的趋势。这种趋势为创新创业提供了更广阔的舞台，也为创新创业教育带来了更多的挑战。

2. 科技变革和数字经济

科技的迅猛发展成为推动社会经济变革的关键力量。人工智能、大数据、物联网等新兴技术的涌现，正在改变产业结构、创造新的商业模式。数字经济的兴起使得创新创业领域不再局限于传统产业，而是涵盖了更多高科技、高附加值的领域。

3.创新驱动发展战略

各国纷纷提出创新驱动发展战略，将创新置于国家发展的核心位置。在这一战略框架下，鼓励创新创业成为促进经济增长、提高竞争力的关键举措。社会对于创新创业人才的需求日益增长，也使得创新创业教育在高校中的地位更为重要。

（二）社会经济环境对创新创业教育的影响

1.机遇：需求增长与多元化

（1）产业结构调整带来的需求增长

随着产业结构的调整和升级，新兴产业和高科技产业崛起，对创新创业人才的需求大幅增加。社会对具备创新能力和创业精神的人才的需求呈现多样化趋势，包括科技领域的工程师、数字经济领域的专业人士、创意产业的设计师等。

（2）数字经济推动新商业模式的涌现

数字经济的发展催生了许多新型商业模式，如共享经济、互联网金融、电子商务等。这些新型业态对于创新创业人才提出更高要求，需要他们具备对数字化技术的理解和应用能力，推动创新的商业模式不断涌现。

2.挑战：快速变化的就业市场

（1）就业市场需求变化快

社会经济环境的快速变化导致了就业市场的需求也在不断调整。传统行业的相对衰退和新兴行业的崛起，使得创新创业人才需要具备更强的适应性和转型能力，而这也给创新创业教育提出了更高的要求。

（2）技术更新对职业技能的挑战

科技不断更新迭代，随之而来的是传统职业技能的日渐陈旧。这使得创新创业人才在职业生涯中需要始终保持学习的状态，不断更新自己的技能，这便对创新创业教育提出了更高层次的要求。

3.机遇：政策支持和投资增加

（1）创新创业政策的倾斜

为促进创新创业，各国纷纷出台一系列支持政策，包括创业孵化基地的建设、创业投资的鼓励、创新创业税收政策的优惠等。这为创新创业教育提供了更好的政策环境和资源支持。

（2）投资市场的活跃

创新创业领域的投资市场日益活跃，风险投资、天使投资等形式层出不穷。这为创新创业人才提供了更多的资金来源，也推动了创新创业项目的蓬勃发展。高校通过与投资机构、创业基金等建立合作关系，将学生的创新项目连接到投资市场，有助于更多优秀的创业项目得以落地实施。

4.挑战：创新创业教育内容的更新

（1）快速变化的技术和行业

社会经济环境的快速变化带来了技术和行业的快速更新。创新创业教育需要紧跟科技和产业的发展，随时调整教育内容，确保学生获得的知识和技能能够在实际应用中发挥作用。

（2）教育体制的僵化

传统的教育体制往往较为僵化，课程设置和更新不够灵活。创新创业教育需要适应创新的要求，打破传统学科的壁垒，引入跨学科的知识，构建更为灵活的课程体系。

（三）高校应对社会经济环境变化的策略

1.更新课程体系，强化实践能力

针对社会经济环境的快速变化，高校应及时更新创新创业教育的课程体系。引入新兴技术、新商业模式等内容，强调实践操作，培养学生在不同领域中灵活运用知识解决问题的能力。实践环节可以通过与企业的合作、创业实训、实际项目开发等方式实现，确保学生具备实际应用的经验。

2.加强师资队伍建设，引入实践经验

高校应注重创新创业教育师资队伍的建设，引入具有丰富实践经验的教师和创业导师。这些实践经验丰富的专业人士能够更好地将理论知识与实际应用相结合，为学生提供真实的创业案例和解决问题的方法。通过导师制度，学生能够获得更个性化、更有针对性的指导。

3.促进跨学科融合，培养综合素养

社会经济环境的多元化和复杂性要求创新创业人才具备跨学科的知识和综合素养。高校可以通过促进跨学科融合，打破传统学科的局限，培养学生的综合素养，使其在创新创业过程中能够综合运用不同领域的知识。

4.强化实际操作，推动产学研深度合作

高校应当注重实际操作环节，通过与企业、科研机构的深度合作，将学生的创新创业项目与实际市场需求对接。建立更多的创业实验室、孵化器，提供更多的创业资源和支持，使学生在实际操作中获得更为丰富的经验。

5.强调软技能培养，提高综合竞争力

除了技术和专业知识外，创新创业人才还需要具备一定的软技能，如团队协作、沟通表达、创新思维等。高校应注重培养学生的软技能，通过团队项目、创业实践等方式，提高学生的综合素养和竞争力。

6.建立创业生态系统，形成创新创业文化

高校可以通过建立创业生态系统，包括创业孵化器、创业大赛、导师制度等，形成良好的创新创业文化。通过举办创业沙龙、讲座等活动，搭建创业者之间的交流平台，推动创新创业文化的形成和传播。

7.加强国际合作，拓宽学生国际视野

面对全球化的社会经济环境，高校应加强国际合作，与国际高校、企业建立更紧密的联系。通过国际性的创新创业竞赛、交流项目等，拓宽学生的国际视野，使其具备更广泛的创新创业机会。

社会经济环境对创新创业教育产生着深远的影响，既带来了机遇也带来了挑战。高校需要紧密关注社会经济变化，及时调整创新创业教育的内容和形式，以适应不断变化的需求。通过更新课程体系、加强师资队伍建设、促进跨学科融合等策略，高校可以更好地发挥创新创业教育的作用，培养更具有创新创业精神的优秀人才，推动社会经济的可持续发展。

随着社会的不断发展，创新创业教育将持续面临新的挑战和机遇。在未来，高校可以通过以下几个方面的努力，更好地适应社会经济环境的变化：

1.加强与产业界的深度合作

建立高校与产业界的深度合作是促进创新创业教育的有效途径。高校可以与企业建立产学研合作机制，共同开展创新创业项目、实践实习等活动。这样的合作不仅能够使学生更好地了解实际行业需求，还能为创新创业项目提供更多的资源和支持。

2. 引入先进的创新科技

创新创业教育需要与时俱进,引入先进的创新科技。例如,利用虚拟现实(VR)和增强现实(AR)技术,搭建虚拟创业环境,让学生能够在模拟的商业场景中进行创业实践。这样的技术手段可以提高学生的实践操作能力,加深对创业过程的理解。

3. 发展在线创新创业教育

借助互联网技术,高校可以开设在线创新创业课程,打破时空限制,让更多的学生参与创新创业教育。在线教育平台可以提供灵活的学习时间和地点,同时吸引来自不同地区、不同背景的学生,促进多元化的创新思维和合作。

4. 建立创新创业实践基地

高校可以建立创新创业实践基地,为学生提供更多的实践机会。这些实践基地可以是创业孵化器、创客空间、实验室等,为学生提供良好的创新创业环境和资源支持。在实践基地中,学生可以参与真实的创业项目,与企业密切合作,将理论知识应用到实际中。

5. 设立创新创业奖学金

为鼓励学生积极参与创新创业活动,高校可以设立创新创业奖学金。通过参与创新创业项目、获得专利、成功创业等方式,学生可以获得奖学金的资助。这不仅能够激发学生的创新激情,还能提高创新创业活动的参与度。

6. 拓展国际交流与合作

在全球化的时代背景下,高校应加强国际交流与合作,引入更多国际化的创新创业资源。举办国际性的创新创业大赛、邀请国际专业人士来校授课、开展联合创新创业项目等方式,可以让学生接触到更广泛的国际创新创业经验,培养跨文化合作的能力。

7. 持续关注社会经济发展趋势

高校创新创业教育需要密切关注社会经济发展趋势,不断调整教育内容和方法。定期进行行业调研、产业分析,了解新兴领域和热点行业的发展,及时调整创新创业教育的方向,确保教育与市场需求紧密契合。

通过以上努力,高校可以更好地适应社会经济环境的变化,为学生提供更为丰富、实用的创新创业教育。同时,高校在创新创业教育中的探索和实践也将为社会经济的可持续发展注入源源不断的创新力量。

二、高校内部机制与文化对创新创业教育的影响

高校作为知识传承和创新发展的重要场所，其内部机制和文化对于创新创业教育有着深刻的影响。内部机制包括组织结构、管理体制、教学资源配置等方面，而文化则涵盖了学校的价值观念、传统风气、学术氛围等方面。下面将深入探讨高校内部机制和文化对创新创业教育的双重影响，分析其作用机制、优势与挑战，并提出优化方案，以推动高校创新创业教育的全面发展。

（一）高校内部机制对创新创业教育的影响

1. 组织结构与创新创业教育的融合

高校的组织结构决定了信息流、决策流、资源流的传递路径，直接影响创新创业教育的推进。若创新创业教育能够嵌入学校组织结构中，形成横向和纵向的协同机制，将有助于更好地整合资源、推动创新创业教育的深入开展。例如，设立专门的创新创业教育机构、建立跨学科的创新创业中心，使得创新创业教育有机地融入学校整体体系，形成有力的支持。

2. 管理体制与创新创业教育的灵活性

高校管理体制的灵活性直接关系到创新创业教育的响应速度。若学校管理层对创新创业教育抱有开放、包容的态度，能够及时调整政策、提供资源支持，将有利于适应快速变化的社会需求。相反，过于繁琐的管理程序和僵化的管理体制可能成为创新创业教育推进的阻碍。

3. 教学资源配置与创新创业教育的实践性

教学资源的配置方式直接关系到创新创业教育的实践性。如果高校能够充分配置实践性的教学资源，例如创业实训基地、先进的实验设备、创新创业导师等，将为学生提供更加实际的创新创业体验。反之，如果教学资源过于注重理论性而缺乏实践性，学生在创新创业领域可能难以获得足够的锻炼和启发。

（二）高校文化对创新创业教育的影响

1.学术氛围与创新创业教育的融合

学术氛围是高校文化的核心，而其对创新创业教育有着深远的影响。若学术氛围注重实践、鼓励创新，将有助于培养学生的实际动手能力和创造力。同时，积极的学术氛围也会促使教师更多地参与到创新创业教育中，提高教育质量。

2.价值观念与创新创业教育的引导

高校的价值观念对于塑造学生的价值观念具有示范和引导作用。如果学校强调创新、鼓励创业，将有利于培养学生的创新创业精神。相反，若学校价值观念过于保守、重视传统学科，可能会阻碍学生对创新创业的热情。

3.传统风气与创新创业教育的破局

一些学校可能存在传统风气过于浓厚的问题，对于创新创业教育的破局形成一定的阻力。传统的评价标准、职称制度等可能难以适应创新创业人才培养的需求。因此，打破传统风气，形成更为包容、开放的文化氛围显得尤为重要。

（三）高校内部机制与文化的优势与挑战

1.优势

（1）资源整合优势

高校作为拥有丰富资源的组织，可以整合各类资源，包括人才资源、实验设备、研究资金等，为创新创业教育提供有力支持。

（2）学科交叉优势

高校内部通常涵盖各个学科领域，有利于开展跨学科的创新创业教育。学科交叉能够为学生提供更广泛的知识视野，培养综合素养，有助于应对复杂多变的创新创业挑战。

（3）创新文化培育

高校作为知识创新的重要场所，拥有培育创新文化的独特优势。通过学术研究、创新项目推动等方式，学校可以引导学生形成积极向上的创新氛围，激发学生的创业潜能。

2.挑战

（1）体制惯性阻力

高校存在着传统教育体制和管理机制惯性，这种体制惯性可能形成创新创业教育推行中的阻力。改革体制、打破陈旧的管理模式是一项复杂而长期的任务。

（2）评价机制不适应

高校的评价机制通常以学术成果为主，而创新创业教育注重培养学生的实际应用能力。评价机制的不适应可能使得教师在创新创业教育中投入不足，影响教育效果。

（3）学科单一局限

一些学校的学科结构相对单一，过于注重某一领域的发展，可能限制了创新创业教育的多样性和全面性。学科单一可能导致学生对其他领域的创新创业机会缺乏认识。

（四）优化高校内部机制与文化的策略

1.推动管理体制改革

高校可以推动管理体制的改革，建立更加灵活、开放的管理模式。设立专门的创新创业管理机构，形成横向和纵向的协同机制，提高决策效率，更好地支持创新创业教育的发展。

2.完善评价机制

调整评价机制，使其更加符合创新创业教育的目标。除了学术成果外，还应考虑教师在创新创业教育中的贡献，包括指导学生创业项目、参与实践项目、获得创业成果等方面。建立全面、多元的评价体系，激励教师更积极地投入创新创业教育。

3.打破学科壁垒，促进跨学科合作

高校可以打破学科壁垒，促进跨学科合作。建立跨学科的创新创业中心，组建包含不同学科专业背景的团队，通过合作解决实际问题。这有助于培养学生的跨学科思维，提高他们解决问题的综合能力。

4.强化创新创业教育的实践性

加大对创新创业教育实践性的投入，完善实践性教学资源的配置。通过建设创业实训基地、提供创新创业导师、组织实地考察等方式，确保学生在创新创业过程中能够获得充分的实践经验。

5.建设创新创业文化

通过校园文化建设，倡导积极向上的创新创业文化。举办创业讲座、创新创业比赛、创业沙龙等活动，吸引更多学生参与创新创业，形成浓厚的创业氛围。

6.强调跨界培养

在课程设置和教学组织上，强调跨界培养。设立跨学科的创新创业专业或课程，鼓励学生在不同学科领域中获得知识，提高他们的综合素养和创新创业能力。

高校内部机制和文化对创新创业教育的影响是多方面、深层次的。合理的组织结构、灵活的管理体制、积极的学术氛围和创新创业文化，都有助于高校更好地推动创新创业教育。然而，也需要正视创新创业教育中存在的挑战，如体制惯性、评价机制不适应、学科单一局限等问题。

优化高校内部机制与文化，需要全校上下的共同努力，包括管理层的决策支持、教师的积极介入、学生的主动参与等。通过不断的改革创新，高校能够更好地发挥其在培养创新创业人才方面的独特优势，为社会经济的可持续发展注入更多的创新动力。

三、政策法规对高校创新创业教育的引导

随着全球经济的快速变革和科技的不断进步，创新创业已成为推动社会发展的关键力量。高校作为培养未来创新创业人才的主要阵地，政策法规在引导高校创新创业教育方面发挥着重要作用。下面将深入探讨政策法规对高校创新创业教育的引导作用，分析其制定背景、内容要点，评估实施效果，并提出未来政策制定的建议。

（一）政策法规制定背景

1.创新创业的国家战略

近年来，创新创业被认为是推动国家经济发展的战略性举措。在全球竞争中，创新创业能力已成为国家竞争力的重要标志。为了适应新时代的经济形势，各国纷纷提出并实施创新创业的国家战略，其中高校作为创新创业人

才的主要培养基地，运用政策法规对其进行引导和规范显得尤为重要。

2. 高校创新创业教育的发展需求

随着社会需求的不断升级，传统的教育模式逐渐变得难以满足人才培养的需求。创新创业教育被认为是培养具有实际应用能力和创新精神的人才的有效途径。政策法规的制定也是为了引导高校更好地适应时代变革，培养更符合社会需求的人才。

（二）政策法规的内容要点

1. 创新创业教育体系建设

政策法规通常会明确创新创业教育的体系建设，包括课程设置、实践环节、导师制度等。通过建立完善的体系，政策法规旨在确保学生在创新创业教育中能够获得全面的知识和实践经验。

2. 资金支持政策

为了推动高校创新创业教育的深入开展，政策法规通常会规定相应的资金支持政策。这包括创新创业项目的资助、创业实践基地的建设、创新创业竞赛的资金奖励等方面。资金支持是政策法规的一项关键内容，能够有效激发高校创新创业教育的活力。

3. 人才培养目标明确

政策法规通常会明确高校创新创业教育的人才培养目标，强调培养学生的创新思维、实际动手能力和团队协作精神。这有助于高校更好地定位创新创业教育的发展方向，确保人才培养与社会需求相契合。

4. 产学研深度合作机制

为了更好地将创新创业教育与产业相结合，政策法规通常会鼓励高校建立产学研深度合作机制。这包括与企业的合作、产业研究项目的开展等，旨在使学生能够更好地融入实际产业环境，提高他们的实际应用能力。

5. 创新创业教育质量评估标准

政策法规通常还会规定创新创业教育的质量评估标准，以确保教育的有效性和质量。这包括学生创新创业项目实际成果的评估、教育过程的评估、教师的培训和能力评估等方面。质量评估标准有助于提高创新创业教育的水平，保障人才培养质量。

（三）政策法规实施效果评估

1. 创新创业教育体系建设

在政策法规的引导下，各高校普遍加强了创新创业教育体系建设。通过拓宽课程设置，增设创新创业实践环节，建立导师制度，让学生在校期间能够更全面地接触创新创业知识，提高实际应用能力。

2. 资金支持政策

政策法规的资金支持政策为高校创新创业教育提供了重要的保障。通过项目资助、竞赛奖金等形式，吸引了更多学生参与创新创业活动。同时，高校也加大了对创新创业实践基地的投入，提升了学校创新创业教育的实践性和可操作性。

3. 人才培养目标明确

政策法规对高校创新创业教育人才培养目标的明确，使得高校更注重培养学生的创新能力、实际动手能力以及团队协作精神。学校调整了课程设置，加入了更多的实践环节，注重培养学生的创新思维，使学生在毕业后更具有市场竞争力。

4. 产学研深度合作机制

政策法规对产学研深度合作机制的鼓励促使高校积极与企业合作，推动了校企合作的深入发展。一些高校建立了创新创业基地，与企业合作进行实际项目研发，为学生提供了更丰富的实践机会，也使企业能够更好地吸纳高校毕业生。

5. 创新创业教育质量评估标准

政策法规规定的创新创业教育质量评估标准，促使高校建立了完善的质量评估体系。通过对教育过程和成果的评估，高校更能够及时发现问题，进行调整和改进，提高创新创业教育的质量。

（四）未来政策制定建议

1. 加强产业对接

未来政策的制定可以更加强调高校与产业的对接。建立更多的校企合作机制，支持高校与产业界共同开展研究项目、创新创业活动，促进校企深度融合，为学生提供更多实践机会，同时推动科研成果更好地转化为社会生产力。

2. 引导学科交叉

政策的制定可以更加明确地引导学科交叉。鼓励各学科之间的合作与交流，设立跨学科的创新创业课程和实验室，培养更具综合素养的人才。通过跨学科的培养，学生能够更好地适应未来复杂多变的社会需求。

3. 推动国际交流

政策的制定可以更加积极地推动高校与国际创新创业教育的交流。建立国际化的创新创业教育平台，吸引国际优秀人才来校任教，开展联合研究项目，为学生提供更广泛的国际视野和合作机会。

4. 完善教师培训机制

政策的制定可以完善教师的培训机制。提供更多的创新创业教育培训资源，鼓励教师参与实际创新项目，提高其实践经验和教学水平。通过培养更具创新创业教育能力的教师，能够进一步提升创新创业教育的质量。

5. 强化创新创业文化建设

政策的制定可以强化创新创业文化建设。支持学校开展更多的创新创业活动，营造积极向上的创新创业氛围。设立创新创业文化奖励机制，鼓励学生在创新创业领域取得更多的成就。

政策法规对高校创新创业教育的引导作用是不可忽视的，其为高校提供了方向和支持，促进了创新创业教育的蓬勃发展。通过对创新创业教育体系建设、资金支持政策、人才培养目标明确、产学研深度合作机制、创新创业教育质量评估标准等方面进行的引导，政策法规有效推动了高校创新创业教育的实施。未来，政策制定者可以根据实际情况不断调整政策，加强高校与产业的对接、推动学科交叉、促进国际交流、完善教师培训机制以及强化创新创业文化建设，以更好地适应社会发展的需要，培养更多具有创新创业能力的优秀人才。政策法规的不断优化将为高校创新创业教育提供更为有力的支持，推动高校创新创业教育取得更大的成就。

第二章　创新创业人才培养

第一节　创新创业素质和创业能力

一、创新创业素质的内涵和特征

随着社会的不断发展和经济结构的变革，创新与创业成为当代社会最为重要的动力之一。为了适应这一变化，培养具有创新创业素质的人才已经成为教育的重要目标之一。创新创业素质不仅仅是特定领域的技能，更是一种综合性的能力和态度。本文将深入探讨创新创业素质的内涵和特征，旨在为培养创新创业人才提供理论支持和实践指导。

（一）创新创业素质的内涵

1. 创新素质

（1）创新思维

创新素质的核心是具备创新思维，即对问题和挑战具有开放、灵活、前瞻性的思考方式。创新思维不仅仅是解决问题的能力，更是在面对未知和复杂情境时能够独立思考、主动寻找解决方案的能力。

（2）创新能力

创新能力是将创新思维付诸实践的过程，包括对信息的敏感性、问题解决的能力、资源整合和组织创新团队的能力。具备创新能力的人能够在实际问题中迅速提出创新点子并加以实施。

（3）风险意识

创新常伴随着不确定性和风险，因此创新素质中必然包含对风险的敏感性和应对能力。具备风险意识的人能够理性对待风险，善于在不确定性中找到机会。

2. 创业素质

（1）创业意识

创业意识是指个体对市场机会的敏感性和对创业的积极态度。具备创业意识的人能够主动寻找商业机会，对创业过程充满热情和信心。

（2）创业能力

创业能力包括市场分析、商业模式设计、资源整合、团队管理等多方面的能力。成功的创业者不仅要有创新思维，还需要具有能够将创新付诸实践并将其转化为可持续的商业模式的能力。

（3）团队协作

创业往往需要团队的协作，因此具备团队协作能力是创业素质的重要组成部分。创业者需要善于搭建和管理团队，发挥每个团队成员的优势，实现合作共赢。

（二）创新创业素质的特征

1. 综合性

创新创业素质是一种综合性的素质，不仅包括专业领域的知识和技能，还包括跨学科的能力。具备综合性素质的人能够更好地应对复杂多变的创新创业环境。

2. 灵活性

创新创业过程中经常伴随着变革和不确定性，因此创新创业素质需要具备灵活性。灵活性体现在对新观念、新技术、新市场的接纳和适应能力，能够在变化中迅速调整策略。

3. 问题导向

创新创业素质的持有者通常是问题导向的，他们不满足于现状，善于发现问题、分析问题，并提出创新性的解决方案。这种问题导向的特征使得他们更容易在市场中找到机会点。

4. 持续学习

由于创新创业领域的不断变化，持续学习成为创新创业素质的重要特征。创新创业者需要保持对新知识的敏感性，时刻关注行业发展的最新动态。

5. 责任心

创新创业涉及到资源整合、团队协作、风险管理等众多方面，因此具备责任心是创新创业素质的重要体现。对于自己的决策和行为，创新者需要承担相应的责任，并对团队和利益相关方负责。

6. 创造性思维

创新创业素质必然包括创造性思维，即能够独立思考、勇于提出新观点和新理念。创新者通常具备打破传统思维的勇气，能够在问题解决和商业模式设计中展现出创造性。

（三）创新创业素质的培养途径

1. 开设创新创业课程

学校和培训机构可以通过开设创新创业课程来培养学生的创新创业素质。这些课程可以涵盖创新思维的培养、创新方法论的学习、创业过程的模拟等内容。通过课堂教学，学生可以系统性地学习创新创业的理论知识，相关的技能和思维方式得到培养。

2. 实践项目和实习经验

实践项目和实习经验是培养创新创业素质的重要途径。通过参与实际的创新项目和创业实践，学生能够更深入地理解创新创业的实际操作，提高自己解决问题和应对挑战的能力。这样的实践经验有助于将理论知识与实际应用相结合，使学生更好地适应创新创业的环境。

3. 创业导师的引导

创业导师在学生创业过程中扮演着重要的角色。导师通常具有丰富的创业经验，能够为学生提供实用的建议和指导。与导师的交流互动，有助于学生形成正确的创新创业观念，获取行业内的实用信息，提升创业实践的能力。

4. 创新创业竞赛

参与创新创业竞赛是培养创新创业素质的有效途径之一。这类竞赛通常会提供一个展示创意和解决问题的平台，鼓励学生主动参与创新创业活动。通过竞赛，学生的团队协作、创新思维和应变能力可以得到锻炼，同时还能够获得实际的反馈和认可。

5. 行业交流与实践

行业的交流与实践是培养创新创业素质的重要途径之一。学生可以通过参加行业研讨会、实地考察、行业峰会等活动，与业界专业人士进行交流互动，深入了解行业动态，拓宽创新创业的视野。

6. 项目导向的学习

在课程设置和教学模式上，引入项目导向的学习方法。通过参与实际项目，学生能够在真实的场景中运用所学知识，提高自己解决问题和创新的能力。这种学习方式有助于培养学生实际操作的技能，使他们更好地适应创新创业领域的需求。

7. 制订个人创新创业计划

学生在校期间可以制订个人的创新创业计划。这一计划可以包括个人的职业规划、创新项目的构想、创业方向的选择等。通过制订计划，学生能够更加明确自己的发展方向，为将来的创新创业奠定基础。

（四）创新创业素质的评价体系

为了有效地评价学生的创新创业素质，建立科学合理的评价体系至关重要。评价体系应该全面反映学生的创新创业能力，并且具有可操作性和可衡量性。

1. 综合能力评价

综合能力评价是创新创业素质评价的核心。这包括学生在创新思维、创新能力、创业意识、创业能力、团队协作等方面的综合能力表现。评价体系应该能够全面覆盖这些方面，通过多维度的考查来全面了解学生的创新创业素质。

2. 项目实践评估

考查学生在实际项目实践中的表现是创新创业素质评价的有效途径之一。通过对项目的完成情况、解决问题的能力、团队协作等方面进行的评估，可以更直观地了解学生在实践中的水平。

3. 创新创业竞赛表现

参与创新创业竞赛是学生展现创新创业素质的一个渠道。评价体系可以包括学生在竞赛中的表现、获奖情况、创意水平等方面的考查，从而更客观地评价其创新创业能力。

4. 案例分析和个人陈述

通过学生的案例分析和个人陈述，评价其在创新创业过程中的思考和实际行动。这种方式可以更深入地了解学生的创新思维、解决问题的思路、职业规划等方面的情况。

5. 导师评价

创新创业导师在培养学生的过程中扮演着重要角色。导师的评价可以对学生的创新创业思维、实际操作能力、团队协作等方面提供有针对性的反馈。导师通常能够更深入地了解学生的成长过程，通过导师的评价，可以获取更为专业和全面的创新创业素质信息。

6. 自我评价和反思

学生的自我评价和反思也是评价体系的一部分。学生通过对自己在创新创业过程中的表现进行自我评价，能够更清晰地认识自己的优势和不足，有助于制订更有针对性的提升计划。

（五）创新创业素质的未来发展趋势

1. 数字化技术的融入

未来，数字化技术的广泛应用将对创新创业素质的培养产生深远影响。人工智能、大数据分析、区块链等技术的运用将成为创新创业领域的新动力，学生需要具备与时俱进的数字化技术知识和应用能力。

2. 跨文化创新创业

全球化的发展趋势将进一步加强跨文化交流与合作，因此未来创新创业素质的培养将更加注重跨文化能力的培养。学生需要具备跨文化沟通、团队协作和全球市场洞察的能力。

3. 可持续发展的关注

随着社会对可持续发展的关注不断增加，未来创新创业素质的培养将更加注重可持续发展的理念。学生需要具备对社会、环境和经济的综合认识，将可持续发展的理念融入创新创业实践中。

4. 创新创业教育体系的完善

未来，创新创业素质的培养将更加注重整个创新创业教育体系的完善。

学校和教育机构将更加关注课程设置、教学方法、导师团队建设等方面的提升，构建更为完备的创新创业培养体系。

5. 创业生态系统的建设

创业生态系统的建设将成为创新创业素质培养的重要手段。学校将与产业界、创投机构、创业孵化器等合作，打造更为完善的创业生态系统，为学生提供更丰富的创新创业资源和支持。

创新创业素质的内涵涵盖了创新思维、创业意识、团队协作等多个方面，具备这些素质的人才更容易在不断变革的社会中脱颖而出。创新创业素质的培养需要多途径、全方位的努力，包括开设创新创业课程、实践项目与实习经验、创业导师的引导、创新创业竞赛等。评价体系应该综合考查学生的创新创业能力，并结合实际项目经验、创新创业竞赛表现、导师评价等多个维度进行全面评估。

未来，随着数字化技术、跨文化交流的深入发展，创新创业素质培养将更加注重数字化技术应用、跨文化能力的提升、可持续发展理念的引入等方面。同时，创新创业教育体系的完善和创业生态系统的建设将为学生提供更丰富的发展平台和机会。通过全社会的共同努力，培养更多具备创新创业素质的人才，将成为推动社会发展和经济繁荣的重要力量。

二、创业能力的核心要素

创业能力作为现代社会中备受重视的一种综合性素质，对个体在创业过程中的成功起着决定性的作用。创业能力不仅仅是创业者在一定领域中的专业技能，更是涵盖了广泛的认知、行为和情感要素。本文将深入探讨创业能力的核心要素，旨在揭示创业者成功的关键因素，为创业能力的培养提供理论支持和实践指导。

（一）创业能力的概念和重要性

1. 创业能力的概念

创业能力是指个体在创业过程中所需的一系列知识、技能、经验和素质，它涵盖了创新思维、商业洞察力、团队协作、风险管理等多个方面。创业能力是创业者在面对不确定性、竞争激烈的市场环境时，能够灵活应对、主动创新的核心素质。

2. 创业能力的重要性

创业能力的重要性不仅体现在创业者个体层面，也直接关系到整个社会和经济的发展。具备良好创业能力的个体能够更好地适应市场变化，创造新的商业机会，推动产业升级和经济发展。对于社会而言，培养更多创业者，将有助于推动创新、促进就业，进而促使社会持续繁荣。

（二）创业能力的核心要素

1. 创新思维

创新思维是创业能力的核心要素之一。创业者需要具备对问题的开放性思考、对新观念的敏感性、对市场变化的洞察力。创新思维有助于创业者更好地发现商业机会、解决问题，并推动企业在竞争中保持领先地位。

2. 商业洞察力

商业洞察力是创业者识别商业机会、把握市场趋势的关键能力。创业者需要对市场需求、竞争格局、潜在风险等有深刻的理解，能够在信息中识别商机，做出明智的商业决策。

3. 创业精神

创业精神是指创业者在面对风险和挑战时所展现的积极、进取的态度。创业者需要具备决断力、韧性和逆境应对能力，勇于迎接失败，并从中吸取教训，不断尝试新的创业路径。

4. 团队协作能力

创业过程往往需要多方面的资源和专业知识，因此团队协作能力是创业者不可或缺的要素。创业者需要善于搭建和管理团队，发挥每个团队成员的优势，实现合作共赢。

5. 市场营销能力

市场营销能力是创业者成功推动产品或服务的关键。创业者需要了解目标市场，制定有效的市场推广策略，建立品牌形象，满足客户需求，从而在市场竞争中脱颖而出。

6. 资源整合能力

资源整合能力是指创业者能够有效地整合和利用各种资源，包括财务资源、人力资源、技术资源等。创业者需要善于寻找合作伙伴，建立业务网络，最大化地利用现有资源。

7. 制度创新能力

制度创新能力是指创业者能够在组织和管理层面进行创新。这包括建立有效的组织结构、完善的管理制度和激励机制等。创业者需要具备对企业内部运作的优化和创新的能力，以应对成长过程中的各种挑战。

8. 沟通与谈判能力

沟通与谈判能力是创业者在与合作伙伴、投资者、客户等各方进行有效沟通和谈判时所需的重要能力。创业者需要善于表达自己的想法，理解他人需求，达成合作共识。

9. 逆商

逆商是指创业者在逆境中保持积极心态、化解压力、主动应对问题的能力。创业过程中充满了不确定性和风险，逆商高的创业者能够在压力下保持冷静，找到解决问题的有效途径。

10. 学习和适应能力

由于商业环境不断变化，创业者需要具备快速学习和适应新情境的能力。持续学习新的知识，不断提升个人的综合素质，以及适应市场、行业的变化，是创业者保持竞争力的关键。

（三）创业能力的培养途径

1. 创业教育课程

创业教育课程是培养创业能力的重要途径之一。学校和培训机构可以开设相关创业课程，包括创新创业导论、商业计划撰写、市场营销策略等，帮助学生系统地学习创业所需的知识和技能。

2. 创业实践项目

创业实践项目为学生提供了锻炼创业能力的平台。通过参与实际的创业项目，学生可以在真实场景中应用理论知识，培养创新思维、团队协作和解决问题的能力。

3. 创业导师的指导

创业导师在学生创业过程中发挥着重要作用。导师通常具有丰富的创业经验，能够为学生提供实用的建议和指导。通过与导师的交流，学生能够获取宝贵的经验。

4. 创业竞赛和活动

参与创业竞赛和相关活动是培养创业能力的一种有效方式。这些竞赛往往模拟真实的创业环境，要求参赛者提出创新的商业方案，并在竞争中获胜。这种经历可以锻炼学生的商业洞察能力和创新思维能力。

5. 实习经验

在创业领域的实习经验对学生的创业能力培养有着积极作用。通过实习，学生可以接触到真实的商业运作，了解行业内的实际情况，培养实际操作的能力。

6. 专业培训和讲座

定期举办专业培训和讲座，邀请成功创业者、行业专家分享经验，为学生提供实用的创业指导。这种形式的培训可以帮助学生建立正确的创业观念，了解创业的各个方面。

7. 自主学习和实践

创业能力的培养不仅仅依赖于课堂教学和导师的指导，自主学习和实践同样至关重要。学生可以通过自主学习相关书籍、参与在线课程、实践创意项目等方式，提高创业素养。

（四）创业能力的评价体系

为了科学地评价创业能力，建立合理的评价体系是必不可少的。以下是创业能力评价的一些主要指标：

1. 商业计划

学生是否能够独立撰写完整的商业计划，包括市场分析、竞争策略、财务规划等，是评价其商业洞察力和计划能力的重要指标。

2. 项目实践

参与创业实践项目，通过项目的完成情况、团队合作表现、解决问题的能力等方面的评估，可以全面了解学生在实际创业中的水平。

3. 创业竞赛

学生参与创业竞赛的表现，包括方案创新性、商业价值、执行能力等，是评价其创业能力的重要参考。

4. 导师评价

创业导师对学生的创业过程进行评价，包括学生的团队协作能力、解决问题的能力、创新思维等，具有较高的参考价值。

5. 创业经验

学生是否有创业经验，创业经历的成功与否，可以作为评价其创业能力的一个直观指标。

6. 沟通与谈判技能

通过学生在沟通和谈判方面的表现，包括演讲技巧、沟通能力、解决争议的能力等，来评价其在商业环境中的适应能力。

7. 创新思维

通过学生在解决实际问题时的创新思维，包括提出新观点、独特的解决方案等，来评价其创新能力。

8. 逆商表现

学生在逆境中的应对表现，包括面对失败的态度、解决问题的方法等，可以反映其逆商水平。

9. 团队协作评价

学生在团队中的角色定位、协作能力、对团队目标的贡献等，是评价其团队协作能力的关键。

（五）创业能力的未来发展趋势

1. 数字化创业

随着数字化技术的快速发展，未来创业者需要更深刻地理解数字化创业。这包括利用大数据分析、人工智能、区块链等技术，将创新与科技融入到创业过程中。数字化创业不仅提高了创业效率，还拓展了创新的可能性，因此创业者需要不断学习和适应新兴的数字化工具和平台。

2. 社会责任创业

未来创业者将更加关注社会责任和可持续发展。社会责任创业强调企业在经济、社会和环境层面的可持续性，创业者需要考虑到企业的社会影响，积极参与社会问题的解决，倡导环保、公益等价值观。

3. 全球化视野

随着全球化的深入，未来创业者需要具备更广阔的国际视野。他们需要了解不同国家和地区的商业环境、文化差异、法律法规等，以便更好地在全球范围内拓展业务。跨文化交流和全球市场洞察力将成为创业者成功的重要因素。

4. 技术创新和行业融合

技术创新将继续推动各行各业的发展，未来创业者需要密切关注技术的前沿动态，结合不同领域的技术进行创新。行业融合也将成为趋势，创业者需要善于将不同领域的技术、资源和经验进行整合，创造新的商业模式。

5. 创业生态系统建设

未来，创业者将更加依赖创业生态系统。创业生态系统包括创业孵化器、创投机构、行业协会等各类组织，它们共同构建起一个支持创业者发展的环境。创业者需要主动参与创业生态系统，获取资源和支持，促使创新创业更具活力。

6. 持续学习和个人发展

创业领域的知识和技能更新迅速，未来创业者需要保持持续学习的心态。自主学习、参与培训、寻求导师指导等方式，将成为创业者不断提升自身能力的途径。个人发展规划也将更受重视，创业者需要清晰地了解自己的优势和不足，有计划地进行职业发展。

7. 创业精神的强调

创业精神将一直是创业者成功的基石。未来创业者需要在不断变化的环境中保持积极进取的态度，面对挑战时保持灵活性和勇气，同时具备解决问题的决心和能力。

创业能力是创业者成功的重要保障，它涵盖了创新思维、商业洞察力、团队协作、市场营销等多个方面。创业者需要通过创业教育课程、实践项目、导师指导等多种途径培养这些核心要素。评价体系需要包括商业计划、项目实践、创业竞赛等多个方面，以便全面了解创业者的能力水平。

未来，创业者需要适应数字化创业、注重社会责任、拥有全球化视野、关注技术创新和行业融合，积极参与创业生态系统建设，持续学习和个人发展，保持创业精神。这些趋势将为创业者提供更多机会和挑战，要求创业者具备更为综合和前瞻的能力。在未来创业的道路上，创业者需要不断迭代自己的创业能力，不断拓展创业的新领域，为社会创造更多价值。

三、创新创业人才的综合素养要求

随着社会经济的不断发展和科技的持续进步，创新创业人才在现代社会中的地位日益凸显。创新创业人才不仅需要具备丰富的专业知识和技能，更需要具备全面的综合素养。本文将深入探讨创新创业人才的综合素养要求，旨在揭示创新创业领域人才应具备的各个方面的能力和素质。

（一）创新创业人才的概念

1. 创新创业人才的定义

创新创业人才是指具备在创新、创业领域中所需的专业知识、技能以及综合素养的人才。他们能够发现机遇、提出创新理念，有能力将创意转化为实际的商业价值，同时具备创业管理和领导才能。

2. 创新创业人才的重要性

创新创业人才在推动经济发展、推动社会进步方面发挥着关键作用。他们是推动科技创新、创业活动的发起者和推动者，为社会创造就业机会、促进产业升级、推动科技创新做出贡献。在不断变革的时代，创新创业人才的重要性愈发凸显。

（二）创新创业人才的综合素养要求

1. 专业知识与技能

创新创业人才首先需要具备相关领域的专业知识和技能。这包括对所从事行业的深刻理解，对市场的洞察力，以及实际操作所需的技术和管理技能。只有具备扎实的专业基础，才能更好地应对创新创业过程中的各种挑战。

2. 创新思维与能力

创新创业人才需要具备开放的思维方式和创新的能力。他们能够不断思考和挑战现有的问题，寻找创新点，提出新的解决方案。创新思维不仅仅是创业初期的灵感，更是在不断实践中形成的一种习惯和态度。

3. 创业管理与领导力

创业过程中，管理和领导才能是至关重要的。创新创业人才需要具备良好的组织和管理能力，能够搭建高效的团队，制定切实可行的计划，有效分配资源，推动团队实现共同的目标。

4. 市场营销能力

创业成功与否很大程度上取决于市场的认可。因此，创新创业人才需要具备良好的市场营销能力，包括市场分析、产品定位、品牌建设、推广策略等。他们需要了解消费者需求，制定有效的市场推广计划，提高产品或服务的市场占有率。

5. 团队协作与沟通能力

创新创业通常是一个团队合作的过程。创新创业人才需要具备良好的团队协作和沟通能力，能够有效地与团队成员合作，协调各方利益，解决团队内部的问题，形成合力推动创业项目的进展。

6. 创业风险管理能力

创新创业过程充满了不确定性和风险。创新创业人才需要具备辨别和管理风险的能力，能够在面对不确定的市场环境时制定应对策略，降低项目的风险，并及时调整创业方向。

7. 财务管理能力

创新创业人才需要具备基本的财务管理能力，包括资金筹措、成本控制、财务报表分析等。他们需要能够合理分配资金，保持企业的财务健康，确保创业项目的可持续发展。

8. 持续学习与创新

创新创业领域发展迅速，创新创业人才需要具备持续学习的意识和习惯。他们要不断关注行业最新动态，了解新技术、新趋势，以保持在市场竞争中的优势。

9. 社会责任与可持续发展意识

在当今社会，企业的社会责任和可持续发展意识越来越受到重视。创新创业人才需要具备对社会和环境的责任感，能够将可持续发展理念融入创业项目中，推动企业做出对社会有益的贡献。

10. 创业心理素质

创业心理素质是创新创业人才必不可少的一部分。在创业的过程中，会面临各种压力和挑战，因此创业者需要具备良好的心理素质，包括：

决断力和应变能力：在创业中，需要迅速做出决策，适应市场的变化。创业者的决断力和应变能力对于适应不断变化的环境至关重要。

抗压能力：创业者往往会面临来自市场竞争、财务管理等方面的压力，良好的抗压能力可以帮助他们在压力下保持冷静和稳定。

创业激情：创业需要极大的激情和对事业的执着。创业者的激情能够推动他们克服困难，持续努力。

自我管理：创业者需要能够有效地管理自己的时间和精力，制定合理的工作计划，避免过度劳累。

积极乐观：积极乐观的态度有助于创业者在面对困难和失败时保持积极向上的心态，寻找解决问题的方法。

（三）创新创业人才培养的途径

要培养具备上述综合素养的创新创业人才，需要采用多元化的培养途径：

1. 创业教育课程

大学及相关培训机构可以开设创新创业相关的课程，涵盖创新思维、市场营销、财务管理、团队协作等方面的知识。这些课程可以为学生提供必要的理论基础和实际操作技能。

2. 创业实践项目

创业实践项目是培养创新创业人才不可或缺的环节。通过实际参与创业项目，学生能够将理论知识应用到实际中，锻炼自己的实际操作能力，培养解决问题的经验。

3. 创业导师指导

创业导师通常是具有丰富创业经验的专业人士，他们可以为学生提供实用的建议和指导。创业导师的指导可以帮助学生更好地理解创业领域的实际情况，提高创业的成功率。

4. 创业竞赛和活动

参与创业竞赛和相关活动可以锻炼学生的创新能力和团队协作能力。这些活动往往提供实际的商业场景，要求学生提出创新的商业方案，并在竞争中获胜。

5. 实习经验

创新创业领域的实习经验对于学生的职业发展非常重要。通过实习，学生可以接触到实际的创业环境，了解行业内的运作方式，积累实践经验。

6. 跨学科培养

创新创业通常涉及多个学科领域，因此跨学科培养对于培育具有综合素养的创新创业人才至关重要。学生可以在不同学科领域中获取知识，拓宽视野，提高解决问题的综合能力。

7. 社会实践

参与社会实践活动可以帮助学生更好地了解社会需求，认识社会问题，培养社会责任感和可持续发展意识。

8. 制度化培训计划

学校和企业可以建立创新创业人才的制度化培训计划，为学生提供全面系统的创新创业培训，从而使其在专业知识、技能和综合素养上得到全面提升。

（四）未来创新创业人才的发展趋势

1. 数字化技能的强调

未来创新创业人才需要具备更强的数字化技能，包括大数据分析、人工智能应用、区块链技术等。数字化技能的强调将成为提高创业者竞争力的重要因素。

2. 社会责任与可持续发展的整合

未来创新创业人才需要更加注重社会责任和可持续发展。创业者将更多地考虑企业的社会影响，追求可持续的商业模式，推动企业在经济、社会和环境层面的可持续发展。

3. 国际化视野的拓展

随着全球化的加深，未来创新创业人才需要具备更广阔的国际化视野。

他们需要了解国际市场的竞争、了解不同文化之间的差异，以及适应不同国家和地区的商业环境。这将帮助他们更好地开拓国际市场，实现全球化发展。

4. 技术创新和产业融合

未来创新创业人才需要密切关注技术创新和不同产业的融合。技术的不断进步将推动创业领域的发展，而不同产业之间的融合将带来新的商业机会。创业者需要不断学习和跟进最新的技术趋势，善于整合不同领域的技术和资源。

5. 创业生态系统的发展

创业生态系统是创新创业环境中的一种组织形式，包括创业孵化器、创投机构、产业园区等。未来创新创业人才将更加依赖创业生态系统，积极参与其中，获取资源和支持。创业者与生态系统的互动将成为创业成功的关键。

6. 持续学习和职业发展规划

未来创新创业人才需要更注重持续学习和职业发展规划。由于科技和市场的快速变化，创业者需要保持敏感性，不断提升自己的综合素养，为职业发展做好规划。

7. 多元化团队协作

创新创业往往需要团队的协作，未来创业人才需要具备多元化团队协作的能力。多元化的团队构成可以带来不同的思维和观点，有助于创新和解决问题。

8. 社交媒体和个人品牌建设

社交媒体已成为信息传播和商业推广的重要平台，未来创业人才需要善于利用社交媒体，建立个人和企业的品牌形象。个人品牌的建设将有助于提高创业者的知名度和业务机会。

9. 创业者精神的培养

创业者精神是创新创业人才的核心要素，未来需要通过培训和教育更加系统地培养创业者精神。这包括对风险的接受、创新思维、坚韧不拔的毅力等的培养。

10. 创新创业法律与伦理意识

未来创业人才需要具备更强的法律和伦理意识。在创新创业的过程中，要遵守相关法规，关注企业的社会责任，确保创业活动的合法合规。

创新创业人才的综合素养是多个方面能力和素质的综合体现。未来创新创业人才需要在专业知识与技能、创新思维、创业管理与领导力、市场营销能力、团队协作与沟通能力、创业风险管理能力、财务管理能力、持续学习与创新、社会责任与可持续发展意识、创业心理素质等方面取得均衡发展。

为了培养未来的创新创业人才，学校、企业和社会需要共同努力，提供多元化的培训和教育资源。创新创业教育课程、创业实践项目、创业导师指导、创业竞赛和活动、实习经验等都是培养创新创业人才的有效途径。同时，注重创新创业人才的心理素质培养，鼓励创新思维，激发潜在创业者的创业激情。

未来，随着社会的发展和科技的不断进步，创新创业人才的培养将更加关注数字化技能、社会责任与可持续发展、国际化视野、技术创新和产业融合等方面。创新创业人才将在全球化、数字化、可持续发展的背景下发挥更为重要的作用，引领着社会的不断创新与发展。

第二节　创新创业素质和能力的构成

一、创新创业素质的分类与解析

创新创业素质是创业者成功的关键因素之一，它包含了一系列的能力和特质，涵盖了多个方面。本文将对创新创业素质进行分类与解析，以深入了解在不同层面上创业者所需要具备的素质，为培养创新创业人才提供指导。

（一）创新创业素质的基本分类

创新创业素质可以从多个角度进行分类，包括认知层面、技能层面和心理层面。在这三个方面，创新创业者需要具备不同的素质，相互之间相辅相成。

1.认知层面

认知层面的创新创业素质主要包括创新思维、市场洞察力、战略规划等方面的素质。

创新思维：创新思维是创新创业的基础。创业者需要具备跳出传统思维框架的能力，善于提出新的理念和解决方案，具有不断探索和尝试的意愿。

市场洞察力：对市场的深刻理解是创业成功的前提。创业者需要通过市场研究和洞察，了解目标市场的需求、趋势和竞争状况，为创业活动提供基础信息。

战略规划：成功的创业需要有明确的战略规划。创业者需要制定清晰的发展战略，包括市场定位、竞争策略、商业模式等，以引领企业朝着可持续发展的方向前进。

2. 技能层面

技能层面的创新创业素质主要包括团队管理、市场营销、财务管理等方面的技能。

团队管理：创业过程中需要协调和管理团队。创业者需要具备搭建高效团队的能力，包括招聘、团队激励、冲突管理等。

市场营销：良好的市场营销能力是创业成功的重要保障。创业者需要了解市场营销的基本理念，包括品牌建设、推广策略、客户关系管理等。

财务管理：财务管理是创业者必备的技能之一。创业者需要能够进行资金筹措、制定预算、进行成本控制，确保企业的财务健康。

3. 心理层面

心理层面的创新创业素质主要包括创业决心、抗压能力、创业精神等方面的特质。

创业决心：创业是一项充满风险和挑战的活动，创业者需要有坚定的决心和信念，能够面对各种困难和压力。

抗压能力：创业者需要具备较强的抗压能力。面对市场的波动、竞争的激烈，创业者需要保持冷静和稳定，迎难而上。

创业精神：创业精神是创业者的核心特质之一。创业者需要具备进取心、激情、乐观的心态，愿意承担风险和挑战。

（二）创新创业素质的详细解析

1. 创新思维

创新思维是创新创业过程中最基础的素质之一。创新思维包括以下几个方面的能力：

跳出传统思维：创新者能够超越传统思维框架，看到问题背后的本质，不被固有观念所限制。

联想和组合能力：创新者能够将看似无关的元素联想在一起，形成新的理念和想法，具备创造性的组合能力。

问题解决能力：创新思维强调解决问题的能力，要求创业者能够从多个角度审视问题，并提出有效的解决方案。

持续学习和进取心：创新者具备持续学习的习惯，关注新知识和技术的发展，保持进取心，不断追求进步。

2. 市场洞察力

市场洞察力是创业者在市场竞争中取得优势的关键。市场洞察力包括以下几个方面的素质：

市场分析能力：创业者能够通过数据分析和市场研究，深刻理解目标市场的需求、趋势和竞争格局。

顾客需求洞察：创业者能够洞察和理解顾客的需求，包括对顾客心理的敏感性，能够准确捕捉市场中的机遇。

行业趋势把握：创业者关注行业的发展趋势，能够预测未来的市场动向，从而在创业计划中做出合理的战略决策。

竞争对手分析：通过对竞争对手的深入分析，创业者能够了解竞争者的优势和劣势，制定差异化策略，提高市场竞争力。

3. 战略规划

战略规划是确保创业成功的关键步骤之一。战略规划包括以下几个方面的素质：

明确定位：创业者需要清晰地定位自己的产品或服务在市场中的位置，明确目标客户群体，以便有针对性地进行经营和推广。

竞争策略：创业者能够制定差异化的竞争策略，找到自己的竞争优势，创造独特的价值，与竞争对手区分开来。

商业模式设计：创业者能够构建合理的商业模式，包括盈利模式、合作方式、资源配置等，确保企业可持续运营。

风险评估与控制：创业者能够全面评估潜在风险，并制定相应的风险控制策略，降低经营风险。

4. 团队管理

团队管理是创业成功的关键因素之一。团队管理包括以下几个方面的素质：

有效沟通：创业者需要具备良好的沟通能力，能够与团队成员建立良好的沟通渠道，保持信息的畅通。

激励团队：创业者能够通过各种方式激励团队，提高团队成员的工作积极性和创造力。

决策能力：创业者需要在关键时刻迅速做出决策，能够承担领导责任，确保团队的方向与目标一致。

团队建设：创业者能够建立和谐的团队氛围，培养团队协作精神，提高团队整体绩效。

5. 市场营销

市场营销是确保产品或服务在市场中被认知和接受的关键环节。市场营销包括以下几个方面的素质：

品牌建设：创业者能够建立独特的品牌形象，使品牌在消费者心中能够被积极地认知。

推广策略：创业者能够制定有效的推广策略，包括线上线下的宣传手段，提高产品或服务的知名度。

客户关系管理：创业者注重与客户的沟通与关系维护，建立良好的客户关系，提升客户满意度。

市场调研：创业者通过市场调研了解顾客需求和市场变化，为产品或服务的优化和创新提供依据。

6. 财务管理

财务管理是创业者保障企业可持续经营的基础。财务管理包括以下几个方面的素质：

资金筹措：创业者能够制定合理的资金筹措计划，确保企业有足够的流动资金支持运营。

成本控制：创业者需要对企业各项成本进行有效控制，确保资源的有效利用，提高盈利水平。

财务报表分析：创业者能够分析财务报表，了解企业的经济状况，及时发现并解决财务问题。

投资决策：创业者能够做出明智的投资决策，选择符合企业战略的投资项目，确保资金的有效使用。

7. 创业决心

创业决心是创业者在面对困难和挑战时保持前进的内在动力。创业决心包括以下几个方面的素质：

坚定信念：创业者需要有坚定的信念，相信自己的创意和能力能够改变现状，取得成功。

持续动力：创业过程中充满坎坷，创业者需要具备持续的动力，克服困难，保持前进的动力。

目标明确：创业者需要明确自己的目标，知道自己想要达到的效果，通过设定明确的目标来引导自己的行动。

毅力和耐心：创业者需要有足够的毅力和耐心，面对挫折和失败时能够坚持不懈，不轻言放弃。

8. 抗压能力

抗压能力是创业者在面对各种压力和困难时保持冷静、稳定并且持续前进的重要素质。抗压能力包括以下几个方面的素质：

良好心态：创业者需要以积极、乐观的心态对待挑战和压力，以更好地应对各种困境。

危机处理：创业者需要具备危机处理的能力，在面临困境时能够迅速冷静应对，找到解决问题的有效途径。

逆境成长：创业者能够在逆境中成长，从失败中吸取经验教训，不断调整战略和计划。

心理韧性：创业者需要拥有较强的心理韧性，能够适应快速变化的环境，保持稳定的心理状态。

9. 创业精神

创业精神是创业者成功的关键要素之一，它包含了对创新的追求、进取心和乐观积极的态度。创业精神包括以下几个方面的素质：

创新意识：创业者应该具备对新思想、新技术的敏感性，善于寻找创新点，并将其应用到实际创业过程中。

进取心：创业者应该有积极向上的进取心，不满足于现状，不断追求更高的目标和更大的成功。

乐观积极：创业者需要保持乐观积极的心态，即使面对困难也能够看到希望，有信心克服一切困难。

自主性：创业者应该具备较强的自主性，能够独立思考问题，主动承担责任，不依赖于外部条件。

10. 创业者精神

创业者精神是创业者在创业过程中表现出的一系列积极向上的特质和态度，是成功创业的内在动力。创业者精神包括以下几个方面的素质：

激情：创业者需要对自己的事业充满激情，对产品或服务有强烈的热爱和追求。

责任心：创业者应该具备较强的责任心，对企业的发展和团队的管理负有责任，能够承担起领导者的责任。

执行力：创业者需要有较强的执行力，能够将想法迅速转化为实际行动，推动事业的快速发展。

创造力：创业者应该具备创造力，能够在市场上提供独特的产品或服务，满足顾客需求。

（三）创新创业素质的培养方法

为了培养创新创业者所需的多方面素质，可以采取以下方法：

1. 课程设置

学校可以开设创新创业相关的课程，包括创业管理、市场营销、财务管理、创新思维培养等方面的内容。这些课程可以帮助学生在学业阶段就建立起相应的知识基础。

2. 实践项目

创业实践项目是培养创新创业素质的重要途径。学生可以参与创业实践项目，通过实际操作锻炼创业所需的各种能力，同时积累实际经验。

3. 创业导师指导

学生在创业导师的指导下，可以获取实际的创业经验和建议。创业导师可以是有成功创业经验的企业家或相关领域的专业人士。

4. 创业竞赛

创业竞赛是学生锻炼创新创业能力的方式。通过参与创业竞赛，学生可以在竞争中提升自己的创新能力和团队协作能力。

5. 实习经验

创新创业相关的实习经验对培养学生的实际操作能力和行业了解能力至关重要。在实习中，学生可以学到更多的专业知识，了解企业运作模式，提高解决问题的能力，积累实际经验。

6. 制订创业计划

学生可以通过制订创业计划来锻炼创业素质。在制订创业计划的过程中，学生需要综合考虑市场定位、商业模式、财务规划等因素，这有助于培养他们的战略思维和实际操作能力。

7. 参与行业交流

参与行业交流活动可以让学生更深入地了解行业动态、拓展人脉，并获取行业内的经验。这有助于提高他们的市场洞察力和判断力。

8. 个人能力培养

除了在学校和实践中培养，学生还可以通过自主学习提升个人创新创业素质。阅读相关领域的书籍、参与在线课程、关注业界动态等方式都能够拓展知识面。

创新创业素质是创业者成功的关键之一，它包括认知层面、技能层面和心理层面等多个方面。创业者需要具备创新思维、市场洞察力、战略规划、团队管理、市场营销、财务管理、创业决心、抗压能力、创业精神和创业者精神等素质。

为了培养创新创业素质，学校、企业和社会需要共同努力，为创业者提供多元化的培训和教育资源。创新创业教育课程、实践项目、创业导师指导、创业竞赛和活动、实习经验等都是培养创新创业人才的有效途径。同时，学生在培养自身创新创业素质时，也应注重实际操作和经验积累，通过多样化的方式提升个人能力。随着社会的不断发展，创新创业素质的培养将越来越受到重视，创新创业者将在不同领域展现出更强大的创造力和领导力，推动社会不断向前发展。

二、创业能力模型及其构成要素

创业能力是创业者在创业过程中所具备的一系列能力和素质，它直接影响着创业者在市场竞争中的表现和企业的发展。创业能力模型是对创业者能力进行系统化、结构化描述和分析的理论框架，有助于深入理解创业者所需的各种能力。本文将探讨创业能力模型及其构成要素，以帮助读者理解创业者成功的关键因素。

（一）创业能力模型的概念

创业能力模型是对创业者所需能力的体系化描述，它涵盖了在创业过程中各个阶段和方面所需的不同能力。创业能力模型有助于系统地了解创业者的整体素质，并为培养和提升创业者的能力提供指导。

（二）创业能力模型的构成要素

1.创新思维能力

创新思维是创业者成功的基石。创新思维能力包括：

跳出传统思维框架：创业者需要能够超越传统思维的束缚，勇于挑战现状，寻找新的解决方案。

联想和组合能力：创业者应具备联想和组合不同元素的能力，形成创新的理念和创业方案。

问题解决能力：成功的创业者需要能够迅速而有效地解决问题，对困难和挑战保持灵活的思考。

持续学习和进取心：创业者应该具备不断学习的意愿，关注行业发展和前沿技术，保持进取心。

2.市场洞察力

市场洞察力是创业者在市场中获得竞争优势的关键。构成要素包括：

市场分析能力：创业者需要深入了解目标市场的需求、趋势和竞争状况，制定相应的创业策略。

顾客需求洞察：创业者需要了解顾客的需求，洞察市场需求的变化，能够精准地满足顾客的期望。

行业趋势把握：创业者需要紧跟行业发展趋势，预测未来市场的变化，为企业的发展提供指导。

竞争对手分析：创业者应该对竞争对手进行深入分析，了解其优势和劣势，为制定差异化竞争策略提供依据。

3. 资源整合能力

创业者需要善于整合各种资源，确保企业有足够的支持。资源整合能力包括：

人力资源管理：创业者能够搭建高效的团队，合理分配任务，发挥团队成员的优势，推动创业项目的实施。

资金筹措：创业者需要具备有效的资金筹措能力，包括通过投资、融资、合作等方式获取所需的资金。

物质资源配置：创业者能够合理配置生产和运营过程中的物质资源，确保企业运作的顺畅。

社会网络建立：创业者应该构建广泛的社会网络，与供应商、合作伙伴、投资者等建立稳固的关系，为企业发展提供支持。

4. 创业计划与战略规划能力

制定清晰的创业计划和战略规划是成功创业的基础。构成要素包括：

明确定位：创业者需要清晰地定位企业在市场中的位置，明确目标客户群体和自身的核心竞争力。

竞争策略：创业者应该制定差异化的竞争策略，找到企业的独特之处，确保本企业在激烈的竞争中脱颖而出。

商业模式设计：创业者应该制定可行的商业模式，包括盈利模式、合作方式、资源配置等。

风险评估与控制：创业者需要对潜在风险进行全面评估，并制定有效的风险控制策略，确保企业的可持续发展。

5. 团队领导与管理能力

一个高效的团队是创业成功的关键。构成要素包括：

有效沟通：创业者需要建立良好的沟通渠道，确保团队成员之间信息的畅通。

激励团队：创业者能够通过有效的激励方式，提高团队成员的工作积极性和创造力。

决策能力：创业者需要在关键时刻迅速做出决策，保持团队的方向与目标一致。

团队建设：创业者应该营造和谐的团队氛围，培养团队协作精神，提高整体绩效。

6. 营销与销售能力

市场营销是推动产品或服务成功进入市场的关键。构成要素包括：

品牌建设：创业者需要建立独特的品牌形象，使品牌在目标顾客心中产生积极的认知。

推广策略：创业者应该制定有效的推广策略，包括线上线下的宣传手段，提高产品或服务的知名度。

客户关系管理：创业者应该与顾客保持良好的沟通，建立长期的客户关系，提升客户满意度。

市场调研：创业者应该通过市场调研了解顾客需求和市场变化，为产品或服务的优化提供依据。

7. 财务管理能力

财务管理是企业可持续经营的基础。构成要素包括：

资金筹措：创业者需要制定合理的资金筹措计划，确保企业有足够的流动资金支持运营。

成本控制：创业者应该对企业各项成本进行有效控制，确保资源的有效利用，提高盈利水平。

财务报表分析：创业者应该分析财务报表，了解企业的经济状况，及时发现并解决财务问题。

投资决策：创业者需要做出明智的投资决策，选择符合企业战略的投资项目，确保资金的有效使用。

8. 创业决心与坚韧性

创业决心和坚韧性是创业者在面对困难和挫折时保持前进的内在动力。构成要素包括：

坚定信念：创业者需要有坚定的信念，相信自己的创意和能力能够改变现状，取得成功。

持续动力：创业者在面临挑战时需要具备持续的动力，克服困难，保持前进的动力。

目标明确：创业者需要明确自己的目标，知道自己想要达到的效果，通过设定明确的目标来引导自己的行动。

毅力和耐心：面对挫折和失败时，创业者需要有足够的毅力和耐心，不轻言放弃。

9. 抗压能力

抗压能力是创业者在面对各种压力和困难时保持冷静、稳定并持续前进的重要素质。构成要素包括：

良好心态：创业者需要以积极、乐观的心态对待挑战和压力，以更好地应对各种困难。

危机处理：创业者需要具备危机处理的能力，在面临困境时能够迅速冷静应对，找到解决问题的有效途径。

逆境成长：创业者能够在逆境中成长，从失败中吸取经验教训，不断调整战略和计划。

心理韧性：创业者需要拥有较强的心理韧性，能够适应快速变化的环境，保持稳定的心理状态。

10. 创业精神

创业精神是创业者成功的关键要素之一，它包含了对创新的追求、进取心和乐观积极的态度。构成要素包括：

创新意识：创业者应该具备对新思想、新技术的敏感性，善于寻找创新点，并将其应用到实际创业过程中。

进取心：创业者应该具有积极向上的进取心，不满足于现状，不断追求更高的目标和更大的成功。

乐观积极：创业者需要保持乐观积极的心态，即使面对困难也能够看到希望，有信心克服一切困难。

自主性：创业者应该具备较强的自主性，能够独立思考问题，主动承担责任，不依赖于外部条件。

11. 创业者精神

创业者精神是创业者在创业过程中表现出来的一系列积极向上的特质和态度，是成功创业的内在动力。构成要素包括：

激情：创业者需要对自己的事业充满激情，对产品或服务有强烈的热爱和追求。

责任心：创业者应该具备较强的责任心，对企业的发展和团队的管理负有责任，能够承担起领导者的责任。

执行力：创业者需要有较强的执行力，能够将想法迅速转化为实际行动，推动事业的快速发展。

创造力：创业者应该具备创造力，能够在市场上提供独特的产品或服务，满足顾客需求。

（三）创业能力模型的培养方法

为了培养创业者所需的多方面能力，可以采取以下培养方法：

1. 课程设置

学校可以设置涵盖创新、市场营销、团队管理、财务管理等方面的创业相关课程。这些课程有助于学生在学业阶段就建立起相应的知识基础。

2. 实践项目

创业实践项目是培养创业者能力的有效途径。通过实际操作，能够锻炼学生创业所需的各种能力，同时积累实际经验。

3. 创业导师指导

学生在创业导师的指导下，可以获取实际的创业经验和建议。创业导师可以是有成功创业经验的企业家或相关领域的专业人士。

4. 创业竞赛

创业竞赛为学生提供了一个锻炼创新创业能力的平台。通过参与创业竞赛，学生可以在竞争中提升自己的创业能力和团队协作能力。

5. 实习经验

实习经验对培养学生的实际操作能力和对行业的了解能力至关重要。在实习中，学生可以学到更多的专业知识，了解企业运作模式，提高解决问题的能力，积累实际经验。

6. 制订创业计划

学生可以通过制订创业计划来锻炼创业素质。在制订创业计划的过程中，学生需要综合考虑市场定位、商业模式、财务规划等因素，这有助于培养他们的战略思维和实际操作能力。

7. 参与行业交流

参与行业交流活动可以让学生更深入地了解行业动态、拓展人脉，并获取行业内的经验。这有助于提高他们的市场洞察力和判断力。

8. 个人能力培养

除了在学校和实践中培养，学生还可以通过自主学习提升个人创业素质。阅读相关领域的书籍、参与在线课程、关注业界动态等方式都能够拓展知识面。

创业能力模型涵盖了创业者在创业过程中所需的多方面能力，包括创新思维、市场洞察、资源整合、创业计划与战略规划、团队领导与管理、营销与销售、财务管理、创业决心与坚韧性、抗压能力、创业精神和创业者精神等。为了培养创业者的这些能力，学校、企业和社会需要共同努力，为创业者提供多元化的培训和教育资源。创业者在培养自身能力时，也应注重实际操作和经验积累，通过多样化的方式提升个人能力。创业能力模型的理解和培养对于推动创新创业和社会不断向前发展具有重要意义。

三、创新创业人才培养的关键指标体系

创新创业人才的培养是高校教育和社会发展的重要任务之一。为了衡量创新创业人才培养的成效，建立科学合理的关键指标体系至关重要。本文将探讨创新创业人才培养的关键指标体系，以便更全面、客观地评估培养过程和成果。

（一）创新创业人才培养的背景

随着社会经济的发展和科技的进步，创新创业成为推动国家和企业发展的重要力量。创新创业人才的培养不仅是高等教育的任务，更是国家战略的需要。建设创新型国家和推动产业升级都离不开具备创新创业能力的人才。

在这一背景下，高校被寄予厚望，成为培养创新创业人才的主要阵地。关键指标体系的建立有助于高校更加明确培养目标，有效评估培养效果，不断提升创新创业人才培养的水平。

（二）关键指标体系的构建

1. 学科设置与课程体系

创新创业课程数量与质量：衡量学校创新创业人才培养的首要指标是创新创业相关课程的数量和质量。包括创新理论、创业管理、创新实践等方面的课程。

跨学科融合程度：创新创业要求综合运用多学科知识，因此，学校的课程体系是否能够有效整合各个学科，并培养出具备全面素养的人才是一个关键指标。

2. 创新创业实践

创业实训项目数量和质量：学校是否为学生提供了丰富多样的创业实践机会，以及这些实践项目的质量如何，都是是评估学校创新创业人才培养效果的重要指标。

创新创业实践团队数量：通过加入创新创业实践团队，学生能够在团队合作中培养创新思维和团队协作能力。

3. 科研成果与创新项目

学生科研成果数量：衡量学校培养创新创业人才的一个重要指标是学生参与的科研项目和获得的成果。这反映了学生在科研和创新方面的实际能力。

创新创业项目数量和成功率：学校是否鼓励并支持学生参与创新创业项目，以及这些项目的实际成果如何，都是评估培养效果的重要依据。

4. 创新创业人才竞赛表现

参与创新创业竞赛人数：学校是否鼓励学生积极参与各类创新创业竞赛，是一个衡量学校创新创业人才培养投入和成果的指标。

获奖数量和级别：学生在创新创业竞赛中的获奖情况，可以直观反映学校培养的人才在实际应用中的水平。

5. 创业导师团队

创业导师数量和资质：学校是否拥有一支具备丰富实践经验和专业知识的创业导师团队，对于学生创新创业能力的培养起到至关重要的作用。

创业导师指导项目数量：创业导师团队实际参与和指导创新创业项目的

数量，可以反映出学校的实际支持力度。

6. 就业率和创业率

毕业生就业率：衡量学校培养创新创业人才的一个重要指标是毕业生的就业率。就业率的高低可以间接反映出学生就业竞争力和市场认可度。

创业毕业生数量：学校毕业生中创业的数量及比例，是评估学校培养创新创业人才成效的重要指标。

7. 校企合作与实习机会

校企合作项目数量：学校是否积极与企业开展合作项目，为学生提供实际的创新创业机会是评估指标之一。

实习机会数量和质量：学校为学生提供的实习机会是否能够真正提升创新创业能力，是关键指标之一。

（三）关键指标体系的实施

建立关键指标体系只是第一步，实施是确保培养创新创业人才目标实现的关键。以下是实施过程中需要考虑的因素：

1. 体系的动态调整

创新创业领域的发展是动态变化的，因此关键指标体系也需要进行动态调整。定期评估和调整关键指标，确保其与时俱进，并能反映当前社会和产业的需求。

2. 教育资源的合理配置

为了确保创新创业人才培养的效果，学校需要合理配置相关教育资源。这包括专业师资的引进、实践项目的支持、实验室设备的更新等，以提供优质的教学环境。

3. 多层次、全方位的支持体系

创新创业人才培养需要全社会的支持。学校应建立多层次、全方位的支持体系，包括政府支持、企业支持、社会组织支持等，形成合力，共同推进创新创业人才的培养工作。

4. 与产业对接

学校需要与产业密切对接，了解产业需求，及时调整培养方案和关键指标体系。与企业合作开展创新项目、创造实习机会，是有效对接的途径之一。

5.学生个体差异的关注

创新创业人才培养不同于传统的教育模式，更加强调学生的个性发展和创新能力的培养。在实施过程中，要注重发现和引导学生个体差异，激发其潜力。

6.评价体系的建立

为了保证关键指标体系的实施效果，需要建立完善的评价体系。这包括定期的自评和外部评估，从多个角度评估创新创业人才培养的成效。

创新创业人才培养的关键指标体系是高校评估培养效果的重要工具。通过建立科学合理的关键指标，可以更全面、客观地评价高校在创新创业人才培养方面的努力和成果。同时，在实施过程中需要注重体系的动态调整、教育资源的合理配置、多层次全方位的支持、与产业的对接、学生个体差异的关注以及评价体系的建立。这将有助于高校更好地发挥教育职能，培养更多、更优秀的创新创业人才，为国家和社会的发展做出贡献。

第三节　创新创业素质和能力的培养

一、创新创业教育的课程设计与实施

随着社会的不断发展，创新创业已经成为推动经济增长和社会进步的关键因素之一。为了培养适应时代需求的人才，高校在创新创业教育方面投入了越来越多的资源。本文将探讨创新创业教育的课程设计与实施，旨在为培养具备创新创业能力的学生提供有效的教育路径。

（一）创新创业教育的背景

创新创业教育旨在培养学生的创造性思维、创新意识和创业能力，使其能够在不断变化的社会和经济环境中脱颖而出。这种教育模式突破了传统教育的限制，强调实践性、跨学科性和团队协作性，使学生能够更好地适应未来的职业挑战。

（二）创新创业教育课程设计

1. 创新创业核心能力培养目标

在设计创新创业教育课程时，首先需要明确培养目标。创新创业核心能力包括创新思维、市场洞察、团队合作、风险管理等方面。课程设计应以这些核心能力为目标，旨在培养学生全面发展的创新创业素质。

2. 课程结构与设置

基础课程：包括创新理论、创业管理、市场营销等基础知识，为学生打下坚实的理论基础。

实践课程：强调实践性的课程是创新创业教育的重要组成部分，包括创业实践、创新项目开发等，使学生能够在实际操作中应用所学知识。

跨学科课程：创新创业需要综合运用多学科知识，因此需要设置跨学科的课程，促使学生跨足多个领域进行思考和创新。

创业导师课程：由有创业经验的导师授课，分享实际经验和行业见解，引导学生更好地理解创业过程。

3. 实践项目设计

实践项目是创新创业教育的重要环节，能够让学生在真实场景中提升能力。设计实践项目时应注重以下方面：

项目设置：设计具有挑战性的项目，要求学生在实践中解决真实问题，提高实际操作能力。

团队协作：强调团队协作，使学生在合作中培养沟通、协调和领导能力。

导师指导：项目中可以设置导师，为学生提供专业指导和建议，帮助他们更好地完成任务。

4. 创业导师制度

创业导师制度是创新创业教育中的重要支持系统。学校可以邀请成功创业的企业家、行业专家作为导师，与学生分享实践经验，为学生提供创业指导。导师可以参与课程设计、实践项目的设计，为学生提供实际的创业支持。

5. 创新创业资源整合

为了提供全方位的创新创业教育，学校需要整合各类资源，包括行业资源、企业资源、科研资源等。建立创新创业中心，促使学生更好地接触和利用这些资源，将理论知识与实际操作有机结合。

（三）创新创业教育的实施

1. 教师队伍建设

创新创业教育的成功实施离不开专业素养高的教师队伍。学校应该鼓励教师参与相关领域的研究，不断提升自身创新创业知识水平。培训教师的创新创业教育理念和方法，提高其实际操作经验，使其能够更好地引导学生。

2. 学生评价体系

创新创业教育的目标是培养具备创新创业能力的人才，因此学生的评价不仅应该关注其学科知识水平，更要关注其创新创业能力的发展。建立全面、多元的学生评价体系，包括课程考核、实践项目成果、导师评价等，以更好地反映学生的实际能力和潜力。

3. 与企业、行业的合作

创新创业教育需要与实际产业相结合，使学生更好地适应市场需求。学校应积极与企业和行业建立合作关系，通过行业导师的引入、实习机会的提供、创新项目的合作等方式，将学生的学习与实际创新创业场景相结合。这样的合作关系不仅能够为学生提供更丰富的实践机会，也有助于学校更好地了解行业动态和需求，调整课程设置和教学内容。

4. 制度保障

为了确保创新创业教育的顺利实施，学校需要建立一系列的制度保障机制。包括：

导师激励机制：建立科学合理的导师激励机制，鼓励成功创业者、企业家参与到创新创业教育中，为学生提供优质的创业指导。

学科交叉机制：打破学科壁垒，建立学科交叉的机制，促使学生在不同学科领域中进行思考和实践，培养学生跨学科的创新能力。

项目支持机制：提供项目申报和支持机制，鼓励学生提出创新创业项目，为有潜力的项目提供支持和资源保障。

课程评估体系：建立科学的课程评估体系，根据学生的实际表现、项目成果等多维度进行评价，确保课程的有效性和适应性。

（四）创新创业教育的挑战与对策

1. 传统观念的转变

传统的教育观念强调知识传授和考试成绩，而创新创业教育更注重实践和能力培养。因此，学校需要进行广泛的教育宣传，使学生、教师和家长能够更好地理解创新创业教育的重要性，形成共识。

2. 教师队伍建设

创新创业教育对教师的素养要求较高，需要教师具备丰富的实践经验和跨学科知识。因此，学校应该加强教师队伍的培训和引进，确保教师具备创新创业领域的专业素养。

3. 课程体系建设

创新创业课程体系的建设需要耗费较多的时间和精力，包括跨学科融合、实践性课程设计等。学校可以借鉴国内外成功经验，逐步建设完善的课程体系，确保其符合实际需求。

4. 实践项目难度

设计具有挑战性的实践项目是创新创业教育的核心，但项目难度较大可能导致学生难以完成。因此，需要根据学生的不同层次设置不同难度的实践项目，并通过导师的指导提供支持，帮助学生逐步提升实践能力。

5. 创新创业导师引入

成功的创业导师通常在行业中有丰富的经验，但引入这样的导师也面临一定难度。学校可以通过与企业建立紧密联系，开展导师共建计划，吸引行业专业人士加入创新创业导师团队。

6. 资源整合与合作

创新创业教育需要各方面的资源支持，包括行业资源、企业支持、政府投入等。因此，学校需要积极主动与各方面建立合作关系，整合资源，确保创新创业教育的可持续发展。

创新创业教育的课程设计与实施是一项复杂而系统的工程，需要学校在理念、机制、资源等多方面进行全面创新。通过明确培养目标，设计科学合理的课程结构，注重实践项目的设计，建立创业导师制度，并保障制度的顺利实施，可以有效提高创新创业教育的质量。同时，面对挑战，学校需要引导传统观念进行转变，加强教师队伍建设，持续优化课程体系，充分整合资源与合作。只有通过不断努力和创新，创新创业教育才能更好地为培养具备创新创业能力的学生提供支持，促进社会经济的可持续发展。

二、创新创业实践项目的设计与管理

创新创业实践项目是培养学生创新创业能力的关键环节，通过实际项目的设计和管理，学生能够在真实的场景中应用所学知识，提高解决问题的能力和培养团队协作精神。本文将探讨创新创业实践项目的设计与管理，旨在为高校和企业提供有效的指导和经验。

（一）创新创业实践项目的设计

1. 项目定位与目标

在设计创新创业实践项目时，首先需要明确项目的定位和目标。项目定位应根据学校的特色、专业方向和社会需求，明确是以科技创新为主还是以市场创业为主。项目目标应明确学生在项目中需要达到的能力和水平，例如创新思维、团队协作、项目管理等。

2. 项目内容和任务

项目内容和任务应紧密结合创新创业的实际需求，具有一定的挑战性。可以设定项目涉及的行业领域、解决的问题、创新点和实施计划。任务可以分阶段进行，确保学生在项目中逐步提升能力，形成完整的项目实施过程。

3. 团队构建与角色分工

创新创业项目通常需要团队合作，因此在设计阶段就需要考虑如何构建团队。学校可以采用自由组队或者指导老师组队的方式，确保团队成员之间具有不同的专业背景和技能。同时，需要明确每个成员的角色和任务分工，使团队协作更加高效。

4. 创新创业导师的引入

创新创业导师在项目设计中起到至关重要的作用。导师可以是学校内的教师，也可以是外部的创业导师、企业家等。导师的经验和指导将对学生的项目实践产生积极的影响，帮助学生更好地理解创新创业过程。

5. 资源支持和保障

创新创业项目需要一定的资源支持，包括实验室设备、技术支持、资金等。在项目设计阶段，需要确保项目所需的各类资源得到充分的保障，以确保项目的正常实施。

（二）创新创业实践项目的管理

1. 项目计划和时间安排

项目管理的第一步是制定详细的项目计划和时间安排。明确项目的起止时间、各个阶段的任务和里程碑，确保项目按照既定计划有序进行。项目计划应该具有一定的弹性，以应对变幻莫测的情况。

2. 团队协作和沟通机制

团队协作是创新创业实践项目的核心，因此需要建立有效的团队协作和沟通机制。可以通过定期的团队会议、在线协作平台、沟通工具等方式，确保团队成员之间的信息畅通，使任务得到及时推进。

3. 风险管理与问题解决

创新创业项目中难免会遇到各种问题和风险，因此需要建立有效的风险管理机制。在项目管理中，要及时识别和评估潜在风险，制定相应的风险应对策略。同时，团队成员要具备解决问题的能力，形成良好的问题解决机制。

4. 创新创业导师的指导

导师在项目管理中同样扮演重要的角色。导师可以帮助团队制定合理的项目计划，提供专业的指导意见，解决团队在项目实施中遇到的问题，推动项目的顺利进行。

5. 学生自主学习和反思机制

创新创业项目的管理也要注重培养学生的自主学习和反思能力。团队成员应该具备主动获取信息、独立学习的能力，并在项目实践中及时总结经验教训，形成个人和团队的学习成果。

6. 项目评估与成果展示

项目的最终目标是产生实际的创新创业成果。因此，需要建立科学合理的项目评估机制，评估项目的创新性、可行性和实际效果。同时，项目的成果应该得到合理的展示和推广，以实现项目的社会价值。

（三）创新创业实践项目的挑战与对策

1. 团队管理与合作难题

团队管理和合作是创新创业实践项目中常见的难题。为了解决这一问题，可以采用团队建设培训、明确角色分工、建立有效沟通机制等方式，提高团队合作效率。

2. 资源限制与利用

创新创业项目通常需要一定的资源支持，但在实际操作中可能受到资金、设备、技术等方面的限制。在面对资源有限的情况下，可以通过积极寻求校内外资源合作、申请创业基金、利用开源工具等方式，最大限度地充分利用已有资源。

3. 项目目标不清晰

有时候在项目初期，学生可能对项目的目标和任务理解不清晰，导致项目执行困难。为了解决这一问题，导师在项目启动时可以进行详细的项目介绍和明确项目目标，同时要建立定期的项目进展汇报机制，及时调整项目方向。

4. 缺乏实际经验

学生在创新创业项目中可能缺乏实际经验，对市场、行业规律等了解有限。为了弥补这一不足，可以邀请有丰富经验的导师参与项目，为学生提供实际指导和建议；同时，引入行业合作，让学生深入了解实际市场情况。

5. 成果评估难题

创新创业项目的最终成果往往不容易量化，评估也存在一定的难度。为了解决这一问题，可以建立多维度的评估体系，包括项目的创新性、市场潜力、团队协作能力等多个方面，以更全面地衡量项目的成功与否。

创新创业实践项目的设计与管理是高校创新创业教育的核心环节，也是学生培养创新创业能力的有效途径。在设计项目时，需要明确项目定位、目标、内容、团队构建等要素；在项目管理中，要注重项目计划、团队协作、风险管理等方面的细节。同时，面对挑战，需要通过团队建设、资源整合、导师引入等措施加以应对。通过创新创业实践项目的有机设计与科学管理，可以更好地培养学生的创新创业能力，促进他们顺利融入社会，为未来的职业生涯做好实足的准备。

三、创新创业人才培养模式的创新与探索

随着时代的发展，创新创业人才的需求日益增长。为适应社会对创新创业人才的需求，高校在人才培养模式方面进行了不断的创新与探索。本文将深入探讨创新创业人才培养模式的创新与探索，分析目前存在的挑战，并提出改进的建议，旨在为高校创新创业人才培养提供有益的参考。

（一）传统人才培养模式的不足

传统的人才培养模式主要侧重于传授专业知识，强调理论学习和考试成绩，缺乏对创新创业能力的培养。这种模式下，学生容易形成对传统观念和固有框架的依赖，难以适应快速变化的社会需求。因此，创新创业人才培养迫切需要一种新的模式来引领学生更好地适应创新创业的要求。

（二）创新创业人才培养模式的创新方向

1. 跨学科融合

创新创业往往需要多学科的知识综合运用，因此培养创新创业人才不能局限于某一专业领域。创新创业人才培养模式需要跨学科融合，打破传统专业壁垒，使学生能够在多学科交叉的环境中思考问题、解决问题。

2. 实践导向

创新创业是实践性极强的活动，纸上谈兵远远不能满足培养创新创业人才的要求。培养模式应该更加注重实践导向，通过实际项目、实习实训等方式，让学生亲身参与并解决实际问题，培养学生的实际操作能力。

3. 创业导师制度

引入创业导师制度是创新创业人才培养模式的重要举措。创业导师可以是成功创业者、行业专家，他们的经验和实战经历对学生的创新创业能力的培养有着积极的影响。导师可以在学生创业项目的不同阶段为其提供指导，分享经验，帮助他们更好地理解和应对创业中的挑战。

4. 国际合作与交流

创新创业人才需要具备更开阔的国际视野和全球化思维。因此，培养模式应该更加注重国际合作与交流，通过与国外高校、企业的合作，引进国际化的创新资源和理念，使学生在更加开放的环境中学习和成长。

5. 创新文化建设

创新创业人才培养模式的创新还需要建立创新的文化氛围。学校应该鼓励创新思维，推崇创业精神，提供丰富的创新创业资源。在这样的文化氛围中，学生更容易树立创新创业的信念，并愿意投身到创新创业的实践中。

（三）创新创业人才培养模式的实施

1. 课程设置与实践项目

在创新创业人才培养模式中，课程设置是关键的一环。学校应该根据创新创业人才培养的要求，设置涵盖创新理论、创业管理、市场营销等多方面知识的课程。同时，实践项目也是不可或缺的一部分，通过参与实际项目，学生能够更好地理解和应用所学知识。

2. 资源整合与导师团队建设

创新创业人才培养需要综合运用各类资源，包括行业资源、企业资源、导师资源等。学校应该建立创新创业导师团队，引进有经验的导师，为学生提供创新创业的指导和支持。同时，资源整合也需要与企业、行业等建立紧密联系，确保学生能够充分接触和利用外部资源。

3. 学科交叉与合作机制

学科交叉是创新创业人才培养模式中的一个重要特点。学校可以通过建立学科交叉的合作机制，使不同专业的学生能够在同一个团队中合作，从而更好地发挥各自的专业优势，形成创新的力量。

4. 实时反馈与调整

创新创业人才培养模式需要建立实时反馈与调整机制。通过定期的项目评估、学生反馈和导师建议，及时了解项目的进展和存在的问题，并对培养模式进行灵活调整。这有助于更好地适应创新创业领域的变化和学生的需求。

5. 创新创业文化建设

创新创业人才培养模式的实施需要学校注重创新创业文化的建设。学校可以通过组织创业大赛、创新论坛、创业讲座等活动，营造浓厚的创新创业氛围。同时，要鼓励学生参与创业社团、创新团队等组织，促使他们在学术和实践中更深入地融入创新创业文化。

（四）面临的挑战与对策

1. 资源不足

创新创业人才培养模式的实施需要大量的资源支持，包括导师资源、实践项目资源、行业合作资源等。因此，学校可能面临资源不足的挑战。对策是加强与企业、行业的合作，争取更多的外部资源支持，同时通过建立创新创业基金、引入外部投资等方式，增加内部资源投入。

2. 评估体系不完善

传统的评估体系往往难以全面评价创新创业人才的培养情况。为解决这一问题，学校可以建立更加全面的评估体系，包括学术成绩、创新项目成果、实际能力表现等多方面指标，以便更全面、客观地评估学生的创新创业能力。

3. 传统观念和机制难以改变

传统的人才培养观念和机制往往根深蒂固，学校在推行创新创业人才培养模式时可能遇到一些困难。对策是通过教育宣传、政策引导等方式，逐步改变学校和社会对于人才培养的传统观念，鼓励更加注重创新创业能力培养的理念。

4. 与行业融合程度不足

创新创业人才培养模式的成功与否取决于其与行业的融合程度。但由于学校与行业之间的信息交流和合作机制相对滞后，导致其与行业融合的程度不深。解决这一问题的对策是建立更紧密的行业联系，加强与企业的合作，引入企业资源和导师，确保创新创业人才培养与实际需求相符。

创新创业人才培养模式的创新与探索是高校适应社会发展需要、培养更具竞争力人才的迫切要求。通过跨学科融合、实践导向、创业导师制度、国际合作与交流、创新文化建设等方面的创新，学校可以更好地培养出适应时代需求的创新创业人才。同时，要面对资源不足、评估体系不完善、传统观念和机制难以改变等挑战，通过与企业的深度合作、建立更科学的评估体系、改变观念和机制等手段，逐步解决这些问题，推动创新创业人才培养模式的全面升级。只有在不断的创新和探索中，高校才能更好地适应社会变革的需要，为培养更多具备创新创业能力的人才做出贡献。

第三章 创新创业教育体系

第一节 创新创业教育体系构建的指导思想与基本原则

一、创新创业教育体系建设的指导理念

创新创业教育在当今社会被认为是高等教育体系中的一项重要任务。随着科技的进步和社会的不断发展，培养具备创新创业能力的人才成为推动社会进步和经济发展的关键。创新创业教育体系的建设不仅关系到学校的教育质量，更关系到培养学生适应未来社会需要的能力。本文将探讨创新创业教育体系建设的指导理念，以期为高校提供有益的思路和借鉴经验。

（一）学生为中心的理念

创新创业教育体系建设的指导理念之一是以学生为中心。传统的教育体系往往过于注重传授知识，忽视了学生的个体差异和兴趣发展。在创新创业教育中，应该强调个性化、差异化的培养模式，关注学生的兴趣、潜能和特长，激发学生的创新激情和创业热情。

这一理念下的具体实践包括：

1. 个性化发展规划

为每个学生制订个性化的发展规划，包括创新创业方向的培养计划、实践项目选择等。通过调查学生的兴趣、职业志向，为其量身定制学科和实践项目，使其在学习中更有动力和热情。

2. 多元评价体系

建立多元化的评价体系，不仅要关注学生的学科知识水平，还要注重创

新创业能力的评估。可以采用项目评价、创业计划书评选、导师评价等方式，全面评价学生的综合能力，鼓励和表彰在创新创业方面有突出表现的学生。

3. 跨学科交叉培养

对不同专业、不同学科的学生进行跨学科的交叉培养，促进学生知识的融合和创新思维的碰撞。通过开设跨学科的创新课程、组织跨专业的实践项目，培养学生具备多领域综合应用知识的能力。

（二）实践导向的理念

创新创业教育的本质是培养学生解决实际问题的能力，因此实践导向的理念是创新创业教育体系建设的重要指导思想。通过将理论知识与实际应用相结合，使学生在实践中真正掌握创新创业的核心能力。

具体实践包括：

1. 创业导师制度

建立创业导师制度，邀请有创业经验的导师为学生提供实践指导。导师可以是校内教师，也可以是企业家、行业专家，他们的经验将对学生创业实践产生积极的影响，帮助学生更好地理解创业过程。

2. 实际项目参与

将实际项目纳入课程设置，让学生通过参与实际项目，提高解决问题的能力。可以与企业、科研机构合作，为学生提供参与实际项目的机会，增加其实际操作和团队协作的经验。

3. 创业实训基地

建设创业实训基地，提供良好的实践环境。实训基地可以模拟真实的创业场景，为学生提供创业过程中可能遇到的问题和挑战，促使他们更好地适应创业实践。

4. 行业对接项目

与行业进行深度对接，开展行业项目合作。通过与行业合作，学生能够更深入地了解行业需求，同时也为企业提供新颖的思路和解决方案。这种双赢的合作模式有助于学生在实际项目中提高创新创业能力。

（三）开放协同的理念

开放协同是指在创新创业教育中，学校与企业、社会资源形成一种协同共赢的关系。这一理念强调学校要主动与外部伙伴合作，借助外部资源和经验，推动创新创业教育的发展。

具体实践包括：

1. 产学研结合

推动产学研结合，建立校企合作的创新创业教育模式。学校可以与企业、科研机构签订合作协议，共同开展创新研究、创业培训等项目，实现产业需求与学科知识的有机结合。

2. 创新创业生态圈建设

构建创新创业生态圈，形成学校、企业、政府、投资机构等多方合作的良好环境。通过建立创新创业园区、孵化器等平台，促进校内外资源的共享与交流，为学生提供更多的创新创业机会。

3. 制定激励政策

学校应制定激励政策，鼓励教师、学生参与创新创业教育。可以通过设立创新创业奖励计划、提供创业支持基金等方式，激发校内创新创业教育的积极性，促使更多人投身到创新创业教育事业中。

4. 多元合作模式

建立多元化的合作模式，包括与不同领域企业、社会组织、政府机构等的合作。学校可以与创投机构合作，引入外部投资支持学生创业项目；与企业建立实习基地，为学生创造更多实践机会；与政府合作，争取政策支持和创新创业政策倾斜。

（四）持续创新的理念

创新创业教育领域发展迅速，要保持领先地位就需要不断进行创新。持续创新的理念是指学校在创新创业教育体系建设中要始终保持创新意识，不断调整和优化教育模式。

具体实践包括：

1. 面向未来的课程设置

定期调整创新创业课程，紧跟行业发展趋势，确保培养的学生具备最新的知识和技能。可以引入新兴技术、前沿领域的研究成果，开设具有创新性的课程，激发学生对未来创业的热情。

2. 教育科技的应用

积极应用教育科技手段，提高创新创业教育的效果。可以利用在线教育平台、虚拟实验室等工具，拓展学生的学科知识面，为学生提供更灵活的学习方式，促进其创新创业思维的培养。

3. 教学方法创新

不断创新教学方法，采用问题导向、案例分析、团队协作等灵活多样的教学方式。通过组织创新创业比赛、企业沙龙等形式，为学生搭建与实际应用紧密结合的平台，提升他们的创新创业实践能力。

4. 教师培训与发展

加强教师培训，提高教师的创新创业教育水平。通过参与创新创业项目、行业研究等方式，让教师更好地了解创新创业领域的动态，将实际经验融入到教学中，激发学生的学习兴趣。

（五）社会责任的理念

创新创业教育体系建设应当秉持社会责任的理念。学校作为社会的一部分，要起到为社会培养更多创新创业人才，推动社会进步和可持续发展的作用。

具体实践包括：

1. 社会服务项目

通过组织学生参与社会服务项目，解决实际社会问题，使学生在服务社会的过程中培养创新创业精神。学校可以与社区、公益组织等合作，为学生提供更多参与社会服务的机会。

2. 社会企业合作

积极开展社会企业合作，将学校的创新资源与社会企业需求对接。通过与社会企业共同开展创新创业项目，为学生提供实践机会的同时，也为社会企业提供了人才支持。

3. 创新创业普及教育

扩大创新创业教育的覆盖面，普及创新创业知识。可以通过开设公开课、举办创新创业讲座等形式，将创新创业的理念传递给更多的学生和社会成员，推动整个社会的创新创业发展。

创新创业教育体系建设的指导理念应当紧密贴合时代发展和学生需求，将以学生为中心、实践导向、开放协同、持续创新和社会责任做为核心理念。通过这些理念的指导，学校可以更好地构建适应未来社会发展的创新创业教育体系，培养更多具备创新创业能力的优秀人才，为社会的进步和发展做出积极贡献。创新创业教育体系建设的指导理念将推动高校教育不断进步，适应快速变化的社会和产业环境。

在这一过程中，高校需要积极引导学生开展创新创业的兴趣和能力，将实践导向融入教育的方方面面。通过建设创新创业实践基地、创业导师制度、开展产学研合作等手段，使学生在真实的创业环境中获得经验，开拓创新思维和提升实际操作能力。同时，学校还需要关注个体差异，为学生提供个性化的发展规划和支持，让每个学生都能在创新创业教育中找到适合自己的路径。

开放协同的理念将推动高校与企业、社会组织、政府等多方建立紧密联系，形成创新创业的生态系统。通过产学研结合、多元合作模式、制定激励政策等手段，实现内外部资源的共享，为学生提供更广阔的创新创业机会。在这一过程中，高校不仅能够更好地适应产业发展需求，还能为企业提供创新创业人才，促进双方的共同发展。

持续创新的理念要求高校要始终保持对创新创业教育的关注和调整。通过面向未来的课程设置、应用教育科技手段、教学方法创新、教师培训与发展等手段，不断提高创新创业教育的水平，使其始终保持领先地位。这需要高校具备灵活的机制和敏锐的洞察力，能够迅速反映社会、行业的变化，调整教育内容和形式。

最后，社会责任的理念将高校的创新创业教育扩展到社会层面。通过参与社会服务项目、与社会企业合作、普及创新创业知识等方式，高校可以更好地履行社会责任，为社会培养更多具备创新创业能力的人才，促进社会的可持续发展。

总体而言，创新创业教育体系建设的指导理念应当是多元的、开放的、注重实践的、持续创新的、具备社会责任感的。这一理念将为高校提供有力的指引，使创新创业教育更好地满足学生、社会和产业的需求，推动高等教育的不断发展。

二、基本原则对高校创新创业教育的指导作用

高校创新创业教育作为适应时代需求的重要组成部分，需要在一系列的指导原则下，实现对学生全面素质的培养，促使他们具备创新创业的能力。本文将探讨高校创新创业教育的基本原则，以及这些原则对教育体系的指导作用。

（一）全面发展的原则

全面发展的原则要求高校创新创业教育应关注学生的各个方面，包括知识水平、实践能力、创新思维、团队协作等。这一原则的指导作用主要体现在以下几个方面：

1. 个性化培养

全面发展原则强调学生个体差异，注重个性化培养。在创新创业教育中，学校应根据学生的兴趣、特长、发展潜力等因素，制订个性化的培养计划。通过提供多样化的选修课程、实践项目和导师指导，确保每个学生都有机会全面发展，培养自己的独特优势。

2. 多元评价体系

全面发展原则要求建立多元化的评价体系，综合考量学生在不同方面的表现。除了学术成绩，还需要评估学生在创新创业项目中的参与度、实践能力、团队协作等综合素养。多元评价体系有助于更全面地了解学生的发展状况，为其提供有针对性地反馈和指导。

3. 跨学科交叉培养

全面发展原则倡导跨学科的教育模式，培养学生具备多领域的知识和技能。创新创业往往涉及多个学科领域的交叉，因此，高校应鼓励学生跨专业选修课程、参与跨学科的创新项目。这有助于培养学生更广阔的视野和跨界合作的能力。

（二）实践导向的原则

实践导向的原则强调理论与实践的结合，将知识应用于实际问题的解决中去。这一原则对高校创新创业教育有着深远的指导作用：

1. 创业导师制度

实践导向原则倡导建立创业导师制度，即邀请有实际创业经验的导师为学生提供指导。导师可以传授实用的创业知识，分享创业经验，帮助学生更好地理解创业过程。通过与创业导师的深度互动，学生能够在实践中更快速地成长，提高实际操作的能力。

2. 实际项目参与

实践导向原则要求学校将实际项目纳入创新创业教育的课程设置中。通过参与实际项目，学生可以将理论知识应用到实际中，提高解决实际问题的能力。这种实际项目的参与有助于培养学生的实践操作技能，提高其创新创业的实践经验。

3. 创业实训基地

实践导向原则倡导建设创业实训基地，为学生提供真实的创业环境。创业实训基地可以是学校内部的孵化器，也可以是与企业合作的实训基地。学生在这样的环境中，能够深刻体验创业的全过程，包括市场调研、商业计划编制、团队协作等各个环节。

4. 行业对接项目

实践导向原则鼓励学校与行业深度对接，开展行业对接项目。这些项目可以是与企业合作的实践项目，也可以是学校主导的研究项目。通过与行业对接，学生能够更好地了解行业发展趋势、市场需求，为将来的创业提供更加实际的基础。

（三）开放协同的原则

开放协同的原则强调学校与外部社会资源的合作与共享。这一原则对高校创新创业教育的指导作用主要体现在以下几个方面：

1. 产学研结合

开放协同原则要求建立起学校、产业界和科研机构之间的紧密联系，实现产学研的深度结合。学校可以通过与企业签订合作协议，将学科知识与实际应用有机结合。这种结合有助于确保创新创业教育紧跟产业发展的步伐，培养更加符合市场需求的人才。

2. 创新创业生态圈建设

开放协同原则倡导构建创新创业生态圈，形成学校、企业、政府、投资机构等多方合作的良好环境。通过建立创新创业园区、孵化器等平台，促进校内外资源的交流与合作，为学生提供更广泛的创新创业机会。这样的生态圈能够为学生提供更多的创新创业支持，帮助他们更好地发展自己的创业项目。

3. 制定激励政策

开放协同原则要求学校制定激励政策，激发教师和学生参与创新创业教育的积极性。可以通过设立创新创业奖励计划、提供创业支持基金等方式，鼓励教师参与创新创业项目的指导并鼓励学生参与创业实践。这种激励机制能够促使更多的人才投身到创新创业教育事业中，推动整个教育体系的发展。

4. 多元合作模式

开放协同原则倡导建立多元化的合作模式，包括与不同领域企业、社会组织、政府机构等的合作。学校可以与创投机构合作，引入外部投资支持学生创业项目；与企业建立实习基地，为学生提供更多实践机会；与政府合作，争取政策支持和创新创业政策倾斜。这样的多元合作有助于为学生提供更丰富的资源，促进创新创业教育的全面发展。

（四）持续创新的原则

持续创新的原则要求高校始终保持对创新创业教育的关注和调整。这一原则对高校创新创业教育的指导作用主要表现在以下几个方面：

1. 面向未来的课程设置

持续创新原则要求高校定期调整创新创业课程，以适应未来社会和产业的发展趋势。学校需要不断关注新兴技术、前沿领域的发展，引入最新的知识和理论。通过面向未来的课程设置，使学生能够在学习中紧跟时代潮流，为未来的创新创业做好准备。

2. 教育科技的应用

持续创新原则鼓励学校积极应用教育科技手段，提高创新创业教育的效果。可以利用在线教育平台、虚拟实验室等工具，拓宽学生的学科知识面，为学生提供更灵活的学习方式。通过教育科技的应用，可以实现更个性化、高效的教学模式，满足学生多样化的学习需求。

3. 教学方法创新

持续创新原则要求高校不断创新教学方法。创新创业教育注重培养学生的创新思维和实际操作能力，因此，学校可以采用问题导向、案例分析、团队协作等灵活多样的教学方法。通过不同的教学方式，激发学生的学习兴趣，促使他们更好地掌握创新创业的核心能力。

4. 教师培训与发展

持续创新原则强调加强教师培训与发展，提高教师的创新创业教育水平。教师是创新创业教育的重要推动者，他们需要不断更新自己的知识储备，了解创新创业领域的最新动态。通过参与创新创业项目、行业研究等方式，让教师更好地融入实际，为学生提供更丰富的学科知识和实践经验。

（五）社会责任的原则

社会责任的原则要求高校将创新创业教育扩展到社会层面，为社会培养更多具备创新创业能力的人才。这一原则对高校创新创业教育的指导作用主要表现在以下几个方面：

1. 社会服务项目

社会责任原则鼓励学校通过组织学生参与社会服务项目，解决实际社会问题。学生在服务社会的过程中，可以运用所学的创新创业知识，将理论与实践相结合，提高解决实际问题的能力。学校可以与社区、公益组织等建立合作关系，通过社会服务项目促使学生深度融入社会，从而培养他们的社会责任感。

2. 社会企业合作

社会责任原则强调积极开展社会企业合作。与社会企业的合作可以为学生提供更具实际应用价值的创新创业机会。学校可以与社会企业共同开展创新创业项目，学生在与真实企业的合作中能够更好地理解市场需求，提高实际操作技能，同时为社会企业提供人才支持，促进社会企业的可持续发展。

3.创新创业普及教育

社会责任原则倡导通过开设公开课、举办创新创业讲座等方式,将创新创业的理念传递给更多的学生和社会成员。高校可以开放部分创新创业课程,吸引更多非创新创业专业的学生参与。同时,通过邀请成功创业者、专业人士分享经验,将创新创业的思维和方法传播到更广泛的社会中,推动整个社会对创新创业的认知和发展。

高校创新创业教育的基本原则包括全面发展、实践导向、开放协同、持续创新和社会责任。这些原则相互交织,共同构建了一个全面、实践导向、开放协同、不断创新、具备社会责任的创新创业教育体系。这一体系有助于培养学生全面发展的能力,使其具备实际应用知识的能力,激发学生创新创业的思维,促进校内外资源的共享与合作,不断适应社会和产业的发展趋势,最终为社会培养更多具备创新创业能力的人才,推动整个社会的创新创业发展。

在实践中,高校应根据自身特点和发展阶段,结合社会需求和学生特点,灵活运用这些基本原则,不断完善创新创业教育体系。通过创新创业教育的不断发展,高校将更好地履行社会责任,培养更多有创新精神、实践能力的人才,为社会进步和可持续发展做出积极贡献。

第二节　创新创业教育体系的基本框架与内容

一、教育体系的层次与结构

教育是社会发展的基石,教育体系作为一个系统性的组织结构,涵盖了从幼儿园到高等教育等各个层次和方面。本文将深入探讨教育体系的层次与结构,分析其组成要素、层级关系,以及不同层次之间的联系,以期全面解读并促进教育体系的优化和发展。

(一)教育体系的基本层次

1.幼教体系

幼儿教育是教育体系的最基层,面向 0-6 岁的儿童。主要包括幼儿园和托儿所等机构。幼教体系的目标是促进儿童全面发展,包括身体、智力、语言、社会情感等方面的发展。教育内容注重启蒙阶段的基础知识、生活技能和社交能力的培养。

2. 基础教育体系

基础教育体系是教育的第二个层次,主要包括小学、初中和高中等阶段。这个层次的教育旨在为学生提供扎实的学科基础,培养综合素质,为其未来的职业和高等教育做好准备。基础教育体系通常分为初等教育、中等教育两个阶段,内容逐渐加深,涵盖更多学科和技能。

3. 高等教育体系

高等教育体系是教育体系的最高层次,包括大学和研究机构。这个层次的教育注重学科专业知识的深度研究和综合能力的培养,旨在培养专业人才和高级科研人员。高等教育体系通常包括本科、硕士和博士等不同层次,为学生提供更广泛、更深入的学科选择和发展空间。

(二)教育体系的结构

1. 学科结构

教育体系的学科结构是指在各个教育层次上,涵盖的学科领域和专业设置。在基础教育体系中,学科结构通常包括语文、数学、自然科学、社会科学等基础学科,随着学生年级的升高,学科结构逐渐分化为文科、理科等方向。而在高等教育体系中,学科结构更为复杂,涵盖了人文学科、社会科学、自然科学、工程技术等多个大的学科门类,每个门类下有众多专业供学生选择。

2. 层次结构

教育体系的层次结构是指各个层次之间的递进关系和衔接方式。例如,基础教育体系中小学、初中、高中的衔接,需要确保学生能够顺利过渡,学科内容的递进性和深度也需要有序推进。而高等教育体系的层次结构则涉及到本科、硕士、博士等学位层次的衔接,以及从本科到研究生的知识深度和研究能力的递进过程。

3. 课程结构

教育体系的课程结构包括各个学科的课程设置和教学内容。在基础教育体系中，课程结构需要根据学生年龄、认知水平和兴趣爱好等因素，设置符合其成长特点的课程。在高等教育体系中，课程结构则涉及到专业课程和综合素质课程的安排，以及实践教学和实习环节的设置。

（三）教育体系的组成要素

1.教育机构

教育体系的组成要素之一是各类教育机构，包括幼儿园、小学、中学、大学等。这些机构是教育体系的实施主体，负责具体的教学工作。各级各类教育机构之间需要有高效的管理和协同机制，以确保学生在不同阶段能够平稳过渡、全面发展。

2.教育师资

教育师资是教育体系的核心要素之一。教师在教育中担任着知识传授、引导学生发展、培养学生综合素质的重要角色。教育体系的质量和效果很大程度上依赖于教师的素质和水平。因此，教育体系需要建立完善的师资培训机制，提升教师的教育水平和专业素养。同时，要注重引入和培养优秀的教育人才，确保教育体系的可持续发展。

3.课程和教材

课程和教材是教育体系中教学内容的基础。合理设计的课程和优质的教材能够有效地传递知识，引导学生学会学习，培养其创新和实践能力。因此，教育体系需要建立科学的课程设置机制，不断更新和完善教材，以适应社会发展的需要，满足学生的个性化学习需求。

4.评价和考核体系

评价和考核体系是教育体系的质量保障机制。通过科学、公正的评价和考核，能够客观地反映学生的学业水平和发展状况，也有助于激励学生努力学习。教育体系需要建立多元化的评价和考核手段，包括考试、作业、实践项目、综合评价等，以全面了解学生的能力和潜力，为其个性化发展提供支持。

5.管理和服务机构

管理和服务机构是教育体系的支撑系统。教育体系需要建立健全的管理机构，包括学校管理层、教务处、学科组织等，负责教育资源的配置、教学计划的制订、师资队伍的管理等方面的工作。同时，服务机构则包括学生事务、心理健康服务、就业指导等，为学生提供全方位的支持和服务。

（四）不同层次之间的联系与衔接

1. 幼教与基础教育的衔接

幼教体系与基础教育体系的衔接是教育体系中一个重要的过渡环节。幼儿教育为孩子的根本发展奠定了基础，而基础教育需要顺利地接纳这些儿童，引导他们进入正规的学科学习。在这个过程中，学校需要建立良好的信息沟通机制，确保老师之间、学科之间的信息衔接，帮助孩子们顺利过渡到基础教育阶段。

2. 基础教育与高等教育的衔接

基础教育体系与高等教育体系的衔接关系密切。高等教育需要吸收基础教育阶段培养出的学生，并在其专业知识和实践能力上进行深入培养。因此，基础教育需要为学生提供扎实的学科基础和综合素质，以便他们在高等教育中更好地适应专业学习和科研要求。

3. 不同层次之间的资源共享

教育体系中不同层次之间的资源共享对整体发展至关重要。高等教育机构可以通过与基础教育合作，建立实习基地、科研项目等合作机制，为基础教育提供实践机会和先进的教育理念。基础教育也可以与高等教育机构合作，引入高校专家资源，提升教师水平，为学生提供更广泛的学科选择和发展方向。

（五）教育体系面临的挑战与未来发展趋势

1. 技术创新与教育融合

随着科技的不断发展，教育体系正面临着技术创新与教育融合的挑战。信息技术、人工智能等新兴技术的应用，正在改变传统的教学方式和教育模式。未来，教育体系需要更好地融入技术创新，发挥数字化教育的优势，提高教学效果并提升学习体验。

2. 个性化与终身学习

教育体系的未来发展趋势之一是个性化教育和终身学习的推动。个性化教育注重根据学生的兴趣、能力和学习风格制订个性化的教育计划，满足学生不同的学习需求。终身学习强调在整个人生过程中持续学习，适应社会变革和职业发展的需要。为了实现个性化与终身学习，教育体系需要加强课程的差异化设置，提供更多的选修课程和学科组合，满足学生个性发展的需求。同时，建立完善的继续教育体系，为社会各个阶层的人提供更多学习机会，使其能够随时随地获取新知识、提升技能。

3. 国际化与全球竞争

随着全球化的发展，教育体系需要更好地适应国际化和全球竞争的趋势。这意味着在教育内容和方法上需要更广泛地融入国际化元素，培养具有跨文化沟通能力和全球竞争力的人才。教育体系需要加强与国际教育机构的合作，引入国际化的教育资源和先进的教育理念，提高学生的国际视野和竞争力。

4. 社会责任与可持续发展

教育体系在未来的发展中需要更加强调社会责任和可持续发展。这包括培养具有社会责任感的公民，关注社会问题，积极参与社会实践和公益活动。同时，教育体系也需要关注环境可持续性，推动教育资源的合理利用和生态环境的保护，培养学生具备可持续发展的意识和行动力。

教育体系作为社会发展的基石，其层次与结构的设计关系到国家的未来发展和人才培养的质量。在面对不断变化的社会和科技环境时，教育体系需要不断调整和优化，以适应新的挑战和需求。通过建立科学的课程设置、优质的教育资源、多元的评价体系，以及加强与社会各方面的合作，教育体系能够更好地满足学生的个性化需求，培养更全面、具有创新精神的人才，为社会的进步和可持续发展做出积极贡献。在未来，教育体系还需更加注重技术创新与教育融合、个性化与终身学习、国际化与全球竞争、社会责任与可持续发展等方面的变化，以适应不断变幻的时代潮流，为培养更优秀的人才做出更大的努力。

二、创新创业核心课程体系的构建

随着社会经济的快速发展和科技的进步，创新创业成为推动经济增长和社会进步的重要力量。为了培养创新型人才，各级教育机构越来越重视创新创业教育。构建创新创业核心课程体系是培养创新创业人才的关键环节。本文将探讨创新创业核心课程体系的构建，包括核心理念、主要课程内容、教学方法等方面的要素。

（一）创新创业核心课程体系的理念

1. 创新创业教育的基本理念

创新创业教育的基本理念是培养学生具备创新思维、创业精神和实际操作能力，使其在面对未知挑战时能够灵活应对，勇于创新，并具备创业的胆识和实践经验。创新创业核心课程体系应当贴近这一基本理念，注重培养学生的实际动手能力、团队协作能力和解决问题的能力。

2. 跨学科融合的理念

创新创业不仅仅是某一学科的事务，而是需要跨足多个领域的综合能力。因此，创新创业核心课程体系应当倡导跨学科融合的理念，将管理学、工程学、信息技术、市场营销等多个学科的知识有机结合，培养学生跨领域思考和解决问题的能力。

3. 实践导向的理念

创新创业是实践性极强的领域，理论知识的灌输远远不如实际操作来得有效。创新创业核心课程体系应当强调实践导向的理念，通过实际项目、企业合作、创业实践等形式，使学生能够在实践中不断积累经验、提升技能。

（二）创新创业核心课程体系的主要课程内容

1. 创新思维与创意发展

创新创业核心课程体系的第一块内容应当是培养学生的创新思维和创意发展能力。这包括创新的基本原理、创意的方法与技巧、解决问题的思考方式等。通过课程的设计，学生能够逐渐形成敢于挑战传统、勇于创新的思维模式。

2. 创业基础知识与商业模式

创新创业核心课程体系需要覆盖创业的基础知识和商业模式的构建。这包括市场分析、竞争对手分析、创业计划书的撰写等内容。学生需要了解创业的基本流程，熟悉不同行业的商业模式，培养学生对市场的洞察力和判断力。

3. 创投与融资策略

创新创业不仅仅需要创意和计划，还需要资金的支持。因此，创新创业核心课程体系应当涵盖创投和融资策略的内容，使学生了解不同的融资途径、投资者的需求，培养学生与投资者有效沟通的能力。

4.创业实践与项目管理

实践是创新创业教育的灵魂，创新创业核心课程体系需要包含创业实践和项目管理的课程。学生可以通过实际项目的参与，了解团队协作、资源管理、时间规划等方面的技能，提升实际操作的经验。

5.创新创业法律与知识产权

创业涉及法律、知识产权等多个方面的法规和规定，学生需要了解创新创业法律的基本知识，以及如何保护自己的创新成果。这一部分的课程有助于学生在创业过程中规范自己的行为，避免法律风险。

6.创新创业伦理与社会责任

创新创业核心课程体系还应当包含创新创业伦理与社会责任的课程。通过探讨创业中的伦理问题，引导学生在创新创业中保持良好的道德品质。同时，关注社会责任，培养学生在创业过程中关心社会、回馈社会的观念。

（三）创新创业核心课程体系的教学方法

1.项目驱动教学

创新创业核心课程体系的教学方法应当以项目驱动为主。项目驱动教学是一种注重实践、强调问题解决和团队合作的教学方法。通过让学生参与真实的创业项目，使他们能够在实践中应用所学知识，培养其解决实际问题的能力。项目驱动教学也有助于学生在团队中合作，模拟创业环境，增强沟通协作能力。

2.案例分析与讨论

通过案例分析与讨论的教学方法，学生能够从实际的创新创业案例中学到经验和吸取教训。教师可以选取成功创业和失败创业的案例，让学生深入分析其中的因果关系、创业者的决策过程，通过讨论形成对创业的深刻理解。

3.创业导师指导

为学生提供创业导师的指导是一种高效的教学方法。导师可以是成功创业者、产业专家或企业家。通过与导师的交流与指导，学生能够获取实际的创业经验和实用的建议，提升创业实践的水平。

4. 创业实训与实习

创业实训和实习是创新创业核心课程体系中不可或缺的一环。通过实际的创业实训和实习，学生可以在真实的商业环境中进行实践，学习创业的各个环节，增加实践经验，提高应对实际挑战的能力。

5. 团队合作与竞争

创新创业核心课程体系应该注重培养学生的团队合作与竞争意识。通过团队项目、团队作业等形式，培养学生团队协作的能力。同时，模拟竞争环境，激发学生的创新激情，使其在激烈的市场竞争中具备竞争力。

（四）创新创业核心课程体系的评估与改进

1. 评估方式

创新创业核心课程体系的评估应该突出实践和能力的考察。除了传统的考试和论文评估外，还可以采用以下方式：

项目评估：对学生完成的创业项目进行评估，包括项目的可行性、市场潜力、商业模式等方面。

实际操作评估：对学生在实际操作中的表现进行评估，包括团队协作、项目管理、创业计划的执行等方面。

创业导师评估：对创业导师对学生的指导和学生在导师指导下的创业实践进行评估，反映学生在导师指导下的学习和成长情况。

2. 持续改进

创新创业核心课程体系应该保持灵活性，定期进行评估和改进。可以通过以下方式实施持续改进：

学生反馈：定期收集学生对课程的反馈意见，了解学生的实际需求和感受，及时作出调整。

产业对接：与产业界保持密切联系，了解行业发展趋势和用人需求，及时调整课程内容和教学方法。

教师培训：为教师提供创新创业领域的培训和进修机会，保证教师的专业水平和教学质量。

课程更新：定期更新课程内容，紧跟时代发展步伐，引入新的案例和实践经验，保持课程的前沿性和实用性。

三、创新创业教育实践平台的搭建

随着创新创业教育的重要性日益凸显，建立一个有效的创新创业教育实践平台将成为推动学生创新思维和实践能力的重要途径。本文将探讨创新创业教育实践平台的搭建，包括平台的设计原则、关键要素、运营模式以及案例分析等方面。

（一）创新创业教育实践平台的设计原则

1.学生参与性原则

创新创业教育实践平台应强调学生的参与性，让学生从被动的知识接收者转变为主动的实践者。平台设计要充分考虑学生的兴趣、能力和专业背景，提供多样化的实践项目和机会，激发学生的创新热情。

2.跨学科融合原则

平台应促进不同学科的融合，将管理学、工程学、信息技术、市场营销等多个学科的知识有机结合。通过跨学科的合作，使学生可以在更广泛的领域中获取知识，培养综合性的创新能力。

3.实践导向原则

实践是创新创业教育的核心。平台的设计应强调实践导向，通过实际项目、企业合作、创业实践等形式，使学生能够在实践中不断积累经验、提升技能。

4.创业生态原则

平台搭建时要考虑创业生态的形成，与企业、创投机构、创业导师等建立紧密的合作关系。这有助于学生更好地融入创业生态系统，获取实际的创业经验，增加学生与实际创业环境的接触。

（二）创新创业教育实践平台的关键要素

1.创业实践项目

创新创业教育实践平台的核心要素之一是创业实践项目。这些项目可以来自于产业需求、学生创意或与企业的合作。通过参与创业实践项目，学生能够在实践中体验到创业的各个环节，提高自身解决实际问题的能力。

2.创业导师团队

一个强大的创业导师团队是平台成功的关键。导师可以包括成功创业者、产业专家或企业家，他们能够提供实际的创业经验、行业洞察和实用的建议。导师的指导可以帮助学生更好地理解创业过程，提高创业实践水平。

3.创业培训课程

提供系统的创业培训课程是平台的重要组成部分。这些课程可以涵盖创业基础知识、商业模式、创投与融资策略、创业法律与知识产权等方面。通过培训课程，学生可以系统地学习创业知识，提高自身的创业素养。

4.创新创业竞赛

组织创新创业竞赛是激发学生创新创业热情的有效手段。通过竞赛，学生能够将理论知识应用到实践中，提高团队协作和项目管理能力。竞赛还可以为学生提供展示自己创新成果的平台，吸引更多关注和支持。

5.实验室和创客空间

为学生提供创新创业实验室和创客空间是创业教育实践平台的要素。这些空间可以用于学生的实际项目实践、创意设计和原型制作。实验室和创客空间应该配备先进的设备，为学生提供良好的创新创业环境。

6.创业生态合作伙伴

与企业、创投机构、政府部门等建立良好的合作伙伴关系对于平台的成功至关重要。通过与合作伙伴的深度合作，使学生能够更好地融入创业生态系统，获取更多的实际创业机会和资源。

（三）创新创业教育实践平台的运营模式

1.学生社团与团队

建立创新创业学生社团和团队是实践平台的重要组成部分。学生社团可以促进学生之间的交流与合作，组建创新团队进行项目实践。社团和团队的建设可以培养学生的团队协作精神，激发创新创业的热情。

2.创业讲座与论坛

举办创业讲座和论坛是为学生提供创业导师和业界专家分享经验和见解的途径。这有助于学生了解行业趋势、创新创业的最新动态，拓宽视野，同时也为导师和专家提供与学生交流的机会。

3. 创新创业网络平台

搭建在线的创新创业网络平台是为了促进学生之间、学生与导师之间的信息共享和沟通。这个平台可以包括项目招募、导师资源、创业课程等信息，为学生提供更广泛的学习和合作机会。

4. 产业对接与合作

平台应该积极与产业界进行对接与合作，将创新创业项目与实际产业需求相结合。学校与企业、创投机构、政府合作，能够为学生提供更多的实际创业机会，使他们能够更好地融入创业生态系统。

5. 创新创业孵化器

设立创新创业孵化器是实践平台的延伸，这能为优秀的创业项目提供更多支持。孵化器可以提供办公空间、导师指导、投资对接等服务，帮助学生更好地将创业项目转化为真实的商业实体。

（四）创新创业教育实践平台的案例分析

1. 麻省理工学院（MIT）创业生态系统

MIT 在创业教育领域拥有强大的生态系统，包括 Martin Trust Center for MIT Entrepreneurship、MIT Sloan School of Management 等。这些机构提供丰富的创业课程、创业实践项目、创投对接等资源，学生能通过参与项目、创业比赛等形式，得到全方位的创业培训和支持。

2. 斯坦福大学创业生态系统

斯坦福大学的创新创业生态系统涵盖了创业教育、孵化器、技术转移等多个方面。其中，Stanford Technology Ventures Program（STVP）为学生提供创业课程，Stanford StartX 创业孵化器则提供实际的支持，帮助学生将创意转化为实际项目。

3. 清华大学创新创业平台

清华大学建立了清华大学创新创业教育平台，该平台包括清华 x-lab 实践基地、清华大学 TusPark 孵化器等。平台提供创业实践项目、导师指导、孵化器服务，为学生提供全方位的创新创业支持。

（五）创新创业教育实践平台的评估与改进

1. 评估指标

创新创业教育实践平台的评估指标应包括学生的创新创业成果、参与率、成功创业团队数量、创业项目的实际转化率等。同时，还可以通过学生的反馈、导师的评价以及与企业的合作情况等方面进行评估。

2. 持续改进

基于评估结果，平台应实施持续改进。可以通过定期组织专题研讨会、开展教师培训、更新创业课程内容、加强与企业合作等方式，不断提升平台的教育质量和服务水平。

创新创业教育实践平台的搭建是为了促进学生创新思维和实践能力的全面发展。通过遵循学生参与性、跨学科融合、实践导向、创业生态等设计原则，整合创业实践项目、创业导师团队、创业培训课程等关键要素，采用学生社团与团队、创业讲座与论坛、创新创业网络平台等多种运营模式，平台可以成为培养创新创业人才的重要场所。通过案例分析，可以看到一些世界著名高校已经成功搭建了强大的创新创业生态系统，为学生提供了广泛的创业资源和支持。在评估与改进方面，平台应关注学生的创业成果、参与度等指标，通过持续的改进机制，不断提升平台的教育质量和实效性。

创新创业教育实践平台的建设需要注重与社会、产业界的深度合作。通过与企业、创投机构、政府合作，实现创新创业教育与实际产业需求的紧密对接。这种合作可以为学生提供更多实际的创业机会、资源支持和行业洞察，有助于学生更好地融入创业生态系统。

此外，平台的运营过程中应注重灵活性和持续创新。随着社会、科技的不断发展，创新创业领域也在不断变化。平台需要定期进行评估，关注行业趋势和学生需求的变化，及时调整课程设置、实践项目和运营模式，保持平台的活力和前瞻性。

在评估与改进方面，平台可以建立多维度的评估体系。除了关注学生的创业成果和参与度，还可以通过学生的反馈、创业导师的评价、与企业的合作情况等多个方面进行综合评估。通过不同层面的反馈，平台可以更全面地了解自身的优势和不足，有针对性地进行改进和提升。

第四章 创新创业教育课程体系

第一节 创新创业教育课程体系建设的目标

一、课程体系建设的基本目标

（一）适应性和灵活性

1.个性化学习路径

课程体系应具有适应性，允许学习者根据个体差异、学科兴趣和学习风格制定个性化学习路径。这有助于激发学生学习的积极性，提高学习效果。

2.弹性学习安排

考虑到学员的工作、家庭和其他事务，课程体系应该具有弹性，能够适应不同学员的时间表和需求，提供多样的学习方式，如在线学习、混合学习等。

（二）贴近实际需求

1.行业导向

课程体系建设的目标之一是贴近实际需求，关注当前和未来的行业趋势。它应该能够为学员提供所需的技能和知识，使其能够顺利进入或适应特定的行业。

2.就业竞争力

课程体系应注重培养学员的职业素养，提高他们在就业市场上的竞争力。这包括培养学员的沟通能力、团队协作能力、问题解决能力等软技能。

（三）全面发展

1.学科综合

课程体系应该涵盖学科的多个方面，鼓励学生进行跨学科的学习，培养他们全面的知识结构和综合运用知识的能力。

2.人格培养

除了专业知识，课程体系还应注重学生个性和品格的培养。这包括道德价值观、领导力、团队协作等方面的培养，以教育出具备综合素质的人才。

（四）实践性和应用性

1.实践项目

课程体系的设计应强调实践性，通过实际项目、案例研究、实习等方式，让学员能够将理论知识应用到实际问题中，增强他们的实践能力。

2.应用性知识

课程体系应该注重培养学员的应用性知识，使他们能够灵活运用所学的知识解决现实生活和工作中的问题，提高学生解决问题的能力。

（五）培养创新思维

1.问题解决能力

课程体系应该培养学员的问题解决能力，激发他们发现问题、分析问题、提出解决方案的创新思维。

2.创业精神

在培养创新思维的同时，课程体系也应该鼓励和培养学员的创业精神，使他们具备创新创业的能力和胆识。

（六）持续学习和发展

1.终身学习意识

课程体系的目标之一是培养学员具备终身学习的意识和习惯，使他们能够持续不断地学习和适应社会的变化。

2.职业发展规划

为了帮助学员更好地规划职业发展，课程体系应提供相关的职业规划指导，包括职业咨询、实习机会、职业导师等支持服务。

（七）评估和反馈机制

1.学习成果评估

课程体系需要建立科学的学习成果评估机制，确保对学员在各个方面的学习表现进行全面、客观、公正地评估。这可以包括考试、项目评估、作业评价、实习评价等多种形式，以全面了解学员的学业水平和能力发展。

2.持续反馈

除了定期的学业评估，课程体系还应该设立持续反馈机制。通过学员、教师和实习导师的交流，及时了解学员的学习进展和需求，以便灵活调整课程内容和教学方法，更好地满足学员的学习需求。

（八）全球化视野

1.国际化课程设计

为了培养具备国际竞争力的人才，课程体系应具有国际化的设计。这包括引入国际先进的教学理念、课程内容，为学员提供国际交流和实习机会，使学员具备更广阔的国际视野。

2.多语言能力培养

随着全球化的推进，具备多语言能力的人才更受欢迎。课程体系应该注重培养学员的语言能力，包括英语、第二外语等，以提高他们在国际舞台上的竞争力。

（九）社会责任与公民素养

1.社会责任感

课程体系的建设目标之一是培养学员的社会责任感。通过引入社会责任和可持续发展的理念，培养学员关心社会问题、参与公益活动的积极意识。

2.公民素养

培养学员的公民素养是课程体系的重要目标。这包括法律意识、公共事务参与、文化多样性认知等方面的培养，使学员成为具有社会责任感的公民。

（十）信息化教学

1.科技应用

课程体系的建设需要充分利用现代科技手段，整合信息化教学资源。引入在线教学、虚拟实验、远程实习等技术手段，提高学员信息素养和网络协作能力。

2.数据驱动决策

课程体系应该建立数据驱动的决策机制。通过对学员学习数据的分析，及时发现问题、调整教学策略，实现课程效果的优化。

（十一）教学团队的专业发展

1.持续培训与学术研究

为了提高教学质量，课程体系的建设需要关注教学团队的专业发展。通过为教学团队提供定期的培训、鼓励他们参与学术研究等方式，使教师保持专业素养并紧跟学科发展趋势。

2.团队合作

教学团队要能够良好地进行协同工作。建设一个团结合作的教学团队，促进教师之间的交流和合作，能够达到使教学团队共同推动课程体系的不断优化的效果。

（十二）成果评估与优化

1.毕业生跟踪

为了全面了解课程体系的实际效果，就需要建设一个有效的毕业生跟踪机制，追踪毕业生的就业情况、职业发展、继续深造等方面的信息。

2.持续优化

定期进行课程体系的评估，根据学员和教师的反馈以及市场需求的变化，及时调整和优化课程内容、教学方法和评估体系。

课程体系建设的基本目标是为学员提供全面、系统、持续的教育服务，使其能够在不同领域中具备丰富的知识、专业技能和创新思维。适应性和灵活性、贴近实际需求、全面发展、实践性和应用性、培养创新思维、持续学习和发展、评估和反馈机制、全球化视野、社会责任与公民素养、信息化教学、教学团队的专业发展、成果评估与优化等方面的目标应该在课程体系建设中得到充分考虑。通过不断优化和调整，课程体系能够更好地满足学员和社会的需求，为个体成长和社会进步提供有力支持。

二、创新创业课程对学生的期望

创新创业课程是当今教育体系中备受关注的一个领域。在现代社会，创新和创业能力已经成为一个人成功的关键因素之一。因此，创新创业课程旨在培养学生的创新思维、创业能力和团队协作精神，使他们在未来的职业和社会生活中能够更好地适应变革和挑战。本文将探讨创新创业课程对学生的期望，包括培养创新意识、发展创业技能、提升团队协作能力等方面。

（一）培养创新意识

1.创新思维的培养

创新创业课程首先期望学生能够培养创新思维。这包括开放的思考方式、勇于挑战传统观念、善于寻找问题解决方案的能力。学生在课程中应该通过案例分析、讨论和实践项目等形式，逐渐形成敏锐的洞察力和创新的心态。

2.问题识别与解决能力

创新创业不仅仅是新产品或服务的创造，还包括解决现有问题的创新方法。创新创业课程还期望学生能够在课程中培养问题识别与解决的能力，通过深入了解市场和行业，找到痛点并提出创新性解决方案。

3.对风险的适应与应对能力

创新创业往往伴随着不确定性和风险，因此创新创业课程希望学生能够培养对风险的适应与应对能力。学生需要学会在不确定的环境中进行决策，勇于承担风险，并能够在失败中吸取经验教训，持续迭代和创新。

（二）发展创业技能

1.商业模式设计

创新创业课程期望学生能够掌握商业模式设计的方法。这包括对市场需求的分析、产品或服务的定位、盈利模式的构建等。通过参与实际案例和模拟项目，学生能够在课程中运用理论知识进行实践操作，深化对商业模式的理解。

2. 制定和执行市场营销策略

创业不仅仅是创造一个产品或服务，还需要将其成功推向市场。创新创业课程希望学生能够学会制定和执行有效的市场营销策略，包括目标市场的选择、品牌定位、营销渠道的选择等。

3. 融资与资本管理

在创业过程中，融资和资本管理是至关重要的环节。创新创业课程期望学生能够了解不同的融资方式，学会如何筹集资金，并在创业初期做好资本的有效管理。

（三）提升团队协作能力

1. 团队建设与领导力

创新创业通常是一个团队合作的过程，因此创新创业课程期望学生能够培养团队建设与领导力。课程中可以通过团队项目、角色扮演等方式，培养学生协调沟通的能力，锻炼他们在团队中担任领导角色的技能。学生还应该学习如何有效地协调团队资源，使团队达成共识，以实现共同的创业目标。

2. 团队决策与冲突解决

创新创业课程期望学生在团队中具备良好的决策与冲突解决能力。这需要学生学会如何在团队中进行有效的讨论、协商和决策，同时能够妥善处理团队内部的冲突，确保团队协作的顺利进行。

3. 多元文化团队协作

在全球化的背景下，创新创业往往需要跨越国界进行合作。因此，创新创业课程也期望学生能够在多元文化团队中协作。通过引入国际案例、国际团队项目等形式，可以锻炼学生在多文化背景下的沟通和合作能力。

（四）实践与项目经验

1. 创业实践项目

创新创业课程的一个核心目标是通过实践项目培养学生的实际操作能力。创新创业课程期望学生可以参与创业实践项目，从而将课堂学到的知识应用到实际中，提高创业的各个方面技能。

2.制定创新项目计划

在创新创业课程中，学生需要学会制订创新项目计划。这包括项目的规划、执行、监控和评估。通过实际项目计划的制订，学生能够深入了解创新项目管理的全过程。

3.制造失败的机会

创新创业往往伴随着失败和风险。创新创业课程鼓励学生在相对安全的学习环境中制造失败的机会，从失败中学习，积累经验，提高自身面对未知和不确定性的应对能力。

（五）社会责任和可持续发展

1.强调社会责任

创新创业课程不仅关注商业成功，还注重社会责任。学生应该了解创新创业对社会、环境的影响，学会在创业过程中考虑可持续发展的因素，提高自身的社会责任感。

2.社会创新项目

通过社会创新项目，学生可以将创新创业的理念应用到社会问题的解决中去。这有助于培养学生关注社会问题、提出社会创新解决方案的能力，增强创新的社会意义。

（六）全球视野和国际交流

1.国际化教学资源

创新创业课程期望能够开拓学生的全球视野。引入国际化的教学资源，例如邀请国际创业家、学者来校讲学，可以为学生提供更广泛的创新创业观念和经验。

2.国际交流与合作

创新创业往往需要与全球范围内的创业者、投资者、合作伙伴进行交流与合作。创新创业课程鼓励学生积极参与国际交流活动，拓宽国际视野，建立国际化的创业网络。

（七）个人品德与职业素养

1. 诚信的道德品质

创新创业课程强调培养学生的个人品德和职业素养。学生需要具备高度诚信的道德品质，以确保创业过程中的公正、透明、合法。

2. 沟通和团队协作能力

创新创业往往需要与不同背景、专业的人合作。创新创业课程期望学生在课程中能够掌握卓越的沟通和团队协作能力，建立良好的人际关系，为未来的创业合作打下基础。

创新创业课程对学生的期望是多维度的，既包括知识和技能的培养，也注重学生综合素养的提升。培养创新意识、发展创业技能、提升团队协作能力、实践与项目经验、强调社会责任和可持续发展、全球视野和国际交流、个人品德与职业素养等方面的期望，使学生能够在创新创业的领域中脱颖而出，为个人职业发展和社会进步做出积极的贡献。创新创业课程的设计和实施需要不断与行业实际需求相结合，不断更新教学内容和方法，以确保培养出具备创新创业精神的人才。

三、课程体系与人才培养目标的契合度

课程体系与人才培养目标的契合度是教育体系中至关重要的一环。一个成功的教育体系应当确保其设计的课程体系与既定的人才培养目标高度契合，以达到培养学生所需技能、知识和素养的目的。本文将探讨课程体系与人才培养目标的契合度，并阐述如何确保二者之间的协调一致，以促进学生的全面发展和确保社会需求的满足。

（一）人才培养目标的明确

1. 定义学科核心能力

在构建课程体系之前，首要任务是明确人才培养目标。学校或教育机构应当明确定义相关学科领域的核心能力，包括但不限于专业知识、技能要求、创新能力、团队协作、领导力等。这些核心能力构成了人才培养的基础框架。

2. 响应社会需求

人才培养目标也应与社会需求相契合。将社会对人才的需求进行深入分

析，包括当前和未来的职业市场趋势、行业发展方向等。确保人才培养目标能够使学生具备社会实践和创新创业所需的能力。

（二）课程体系的构建

1.设计符合核心能力的课程

基于明确的人才培养目标，课程体系的构建应该设计符合核心能力的课程。每门课程都应有明确的目标和对应的教学内容，以确保学生在学习过程中逐步掌握所需的知识和技能。

2.强调实践和应用

课程体系应该注重实践和应用，使学生能够将理论知识转化为实际操作能力。引入实践项目、实习、实验等形式，促使学生在真实场景中应用所学知识，提高其实际能力和增加解决问题的经验。

3.多元化学科设置

一个综合的课程体系应该涵盖多个学科领域，以培养学生的综合素养。多元化学科设置不仅能够拓宽学生的知识视野，还有助于学生跨学科思维的训练，能够将其培养成具备全球化竞争力的人才。

（三）课程体系与人才培养目标的契合度

1.对标行业标准和认证要求

为确保课程体系与人才培养目标高度契合，教育机构应该对标行业标准和认证要求。不同行业或专业领域通常有相应的认证标准，课程设置和教学内容可以参照这些标准进行，以确保培养出符合行业要求的人才。

2.持续调整和优化

人才培养目标和社会需求是动态变化的，因此课程体系需要保持灵活性，应能够根据社会变革和行业发展的需要进行调整和优化。教育机构应该定期进行课程评估，收集学生和企业的反馈，不断改进和更新课程内容。

3.教学团队的专业发展

教学团队的专业发展与课程体系的契合度密切相关。教育机构应确保教师具备业界最新的知识和经验，参与行业研究和实践，将最新的发展纳入到课程体系中，以保持教学的前沿性。

（四）强化实践环节

1. 实习与实训机会

提供充足的实习和实训机会是课程体系与人才培养目标契合度的重要方面。实习可以让学生在真实工作场景中应用所学知识，提高实际操作能力，对接实际职业需求。

2. 创新项目和竞赛

鼓励学生参与创新项目和竞赛，是强化实践环节的有效途径。这不仅能够为学生提供训练创新思维和锻炼实际操作的机会，还能够培养学生团队协作和解决问题的能力。参与创新竞赛也能够将学生的实际表现与行业水平进行比较，促使他们更好地适应职业挑战。

3. 产学合作项目

建立产学合作项目，将学生置身于真实的产业环境中。通过与企业的合作，学生可以直接参与解决实际问题，了解行业运作机制，提升自身的实际应用技能，并更好地满足企业对人才的需求。

（五）全球化视野的拓宽

1. 国际化课程设计

为提高学生的全球化视野，课程体系应该设计国际化的课程。引入国际经验、案例，甚至可以与国外院校合作开设联合课程，使学生接触到国际前沿理念和实践经验。

2. 国际交流项目

推动学生参与国际交流项目，促使其在跨文化环境中学习和工作。通过与国外学生和专业人士的互动，学生能够更好地理解国际行业标准和体会不同文化背景下的商业实践。

（六）社会责任与可持续发展的整合

1. 引入社会责任课程

将社会责任理念融入课程体系，培养学生对社会的责任感。引入相关课程，关注可持续发展、环保等议题，使学生认识到企业应当在追求经济效益的同时，对社会和环境负起应有的责任。

2. 社会实践项目

开展社会实践项目，让学生深入社区、参与公益活动。通过实际参与社会问题的解决，学生能够更深刻地认识到社会责任的重要性，并将其融入到未来职业生涯中。

（七）持续评估和反馈机制

1. 毕业生跟踪调查

建立毕业生跟踪调查机制，了解毕业生在职场的表现和发展。通过毕业生的反馈，可以评估课程体系是否满足了其职业发展的需要，及时调整课程内容和结构。

2. 企业满意度调查

与企业建立密切的合作关系，开展企业满意度调查。通过调查企业对毕业生的评价，可以更直观地了解课程体系是否满足了企业对用人的需求，为课程优化提供有力的依据。

（八）技术应用和信息化支持

1. 引入先进的教学技术

课程体系应该引入先进的教学技术，包括在线教育平台、虚拟实验室、远程合作工具等。这不仅可以提高教学效果，还有助于培养学生对新技术的适应能力。

2. 数据分析与个性化教学

利用数据分析工具对学生的学习情况进行跟踪和分析，实现个性化教学。通过分析每个学生的学习特点和需求，能够更好地满足其个体差异，提高教学效果。

（九）教学团队的专业发展

1. 持续专业培训

教学团队的专业发展是保证课程体系与人才培养目标具有契合度的基础。为教师提供持续的专业培训，使其了解行业最新动态和前沿知识，能够确保教学内容的时效性。

2.鼓励学术研究和实践经验分享

鼓励教师参与学术研究和进行实践经验分享，以提高其在行业中的被认可度和实践经验。教师在实际工作中积累的经验和在行业内的关系网络可以为课程体系的更新和优化提供宝贵的资源。

（十）跨学科协同与整合

1.促进不同学科的交叉融合

跨学科协同与整合是保证课程体系与人才培养目标具有契合度的重要环节。促进不同学科的交叉融合，使学生能够获得更广泛的知识，并培养学生跨领域的思维能力。

2.跨学科项目合作

开展跨学科的项目合作，鼓励学生在实际项目中与其他专业领域的学生协同工作。这种合作模式有助于培养学生的团队协作和跨学科沟通能力，提升其适应未来工作的综合素养。

课程体系与人才培养目标的契合度是高等教育中关系到教学质量和学生发展的重要问题。通过明确人才培养目标、构建合理的课程体系、强化实践环节、拓宽全球化视野、整合社会责任与可持续发展，以及建立持续评估和反馈机制，可以有效提高课程体系与人才培养目标的契合度。同时，教学团队的专业发展、技术应用和信息化支持、跨学科协同与整合等方面的努力也是保障契合度的关键因素。综合考虑这些方面，可以使课程体系更好地服务于学生的全面发展，培养出满足社会需求的优秀人才。因此，高校和教育机构在构建和完善课程体系时，应当不断调整和优化，确保其与人才培养目标高度契合，为学生的职业发展和社会进步做出更大的贡献。

第二节　创新创业教育课程体系建设的原则

一、课程体系建设的指导原则

课程体系建设是高等教育领域中的一项重要工作，直接关系到学生的学习效果、综合素养的培养以及毕业生的职业发展。为了确保课程体系的有效性和可持续性，建设过程中需要遵循一系列的指导原则。这些原则旨在保障课程体系的质量、符合社会需求、激发学生的学习兴趣，以培养具备创新能力、实践能力和社会责任感的人才。以下是课程体系建设的一些指导原则：

（一）学科前沿和实际应用的结合

课程体系建设的首要原则是将学科前沿知识与实际应用相结合。教育机构应关注当前学科领域的最新发展，确保课程内容具备最新的学术研究成果。同时，课程设计应强调实际应用，使学生能够将所学知识运用于实际问题的解决，增强他们的实际操作能力。

（二）核心能力培养的全面性

课程体系应全面培养学生的核心能力，包括但不限于专业知识、创新能力、批判性思维、团队协作、沟通能力和跨文化交流等。这要求课程设置不仅要注重专业知识的传授，还要注重培养学生的综合素养，使其在职场和社会中更具竞争力。

（三）强调实践与项目经验

实践是培养学生实际操作能力的有效手段，因此课程体系建设应强调实践性教学。引入实践项目、实习、实训等环节，使学生能够在真实场景中应用所学知识，提高学生解决问题的能力，并使其能够更好地适应职业发展的挑战。

（四）跨学科与综合学习的促进

现代社会问题常常是跨学科性质的，因此课程体系应鼓励跨学科学习。通过多学科的整合，培养学生具备综合性的思考和解决问题的能力。此外，开设综合性的课程，能够使学生了解多个学科领域，开拓其跨领域的视野。

（五）灵活性和可调整性

课程体系建设应具有一定的灵活性和可调整性。社会、科技、产业等方面的变化速度较快，因此课程体系需要能够及时进行调整，以适应不断变化的社会需求。定期的课程评估和反馈机制是确保课程体系灵活性的关键。

（六）全球化视野的拓宽

在全球化的时代，培养具备国际视野的人才是课程体系建设的重要目标。引入国际化的课程、鼓励学生参与国际交流项目，可以帮助学生更好地理解不同文化、接触国际前沿知识，提高其全球竞争力。

（七）社会责任和可持续发展的融入

课程体系应将社会责任和可持续发展理念融入其中。通过引入相关课程，培养学生对社会、环境的责任感，使其在未来的职业生涯中能够为社会做出更多的积极贡献。

（八）教学团队的专业发展

构建优质的课程体系离不开教学团队的专业发展。教师应定期参与学术研究、行业培训，同步学科知识的更新，并将最新的研究成果融入到教学中。鼓励教师参与实际项目，分享实践经验，以提高教学的实际效果。

（九）学生参与和反馈机制

学生参与是课程体系建设的重要环节。建立学生代表参与课程设计的机制，听取学生的意见和建议，以更好地满足他们的学习需求。同时，建立学生满意度调查和反馈机制，及时了解学生对课程的感受和建议，为后续的调整提供依据。

（十）信息技术和创新教育手段的整合

引入先进的信息技术和创新教育手段是加强课程体系建设的有效途径。在线教育平台、虚拟实验室、远程合作工具等技术工具能够提高教学效果，使学生更灵活地获取知识，培养他们运用信息技术解决问题的能力。

以上原则并非孤立存在，而是相互关联、相互支持的。在课程体系建设中，综合考虑并灵活运用这些原则，能够帮助教育机构更好地应对不断变化的社会和行业需求，为学生提供更为全面和实用的教育。

二、各类课程在体系中的关系与作用

课程在教育体系中扮演着关键的角色，各类课程的关系与作用直接影响着学生的学习效果、综合素养的培养以及未来职业的发展。一个完整、合理的课程体系应该包括核心课程、专业课程、通识教育课程、实践课程等多个层面的课程，它们相互关联、相互支持，共同构建起学生全面成长的框架。以下将对各类课程在体系中的关系与作用进行深入探讨。

（一）核心课程的作用与地位

核心课程是构建课程体系的基础，它们通常包括了学科的基础知识和基本技能。这类课程为学生提供了学科领域的基础理论框架，使其加强了对学科核心概念的理解。核心课程的作用主要体现在以下几个方面：

1. 奠定学科基础

核心课程为学生提供了深厚的学科基础，包括相关领域的基本概念、原理和理论体系。这为学生后续深入学科研究、实践应用奠定了坚实基础。

2. 培养批判性思维

通过核心课程的学习，学生不仅掌握了学科的基础知识，还学会了批判性思维和提高了分析问题的能力。这种能力是学生在日后解决实际问题时不可或缺的。

3. 引导专业方向选择

核心课程在一定程度上也可以作为学生选择专业方向的指引。通过对不同学科领域的综合学习，能够使学生更清晰地了解自己的兴趣和擅长的领域，为专业方向的选择提供参考。

（二）专业课程的深化与实践

专业课程是学生深入学科领域、掌握专业知识和技能的关键要素。这类课程不仅能够在理论上深化学科内容，更能加强实际应用和专业实践。专业课程的作用主要包括：

1. 深化专业知识

专业课程是学生深入了解所选专业领域的重要途径。通过对这些课程的学习，学生可以深入研究专业核心概念、技术和方法，提高其在特定领域的专业素养。

2. 实践技能培养

专业课程通常伴随有实验、实习、项目等实践环节，这些环节能够培养学生在实际工作中所需的技能。这些实践活动有助于将理论知识转化为实际操作能力，提高学生的职业竞争力。

3. 职业方向准备

专业课程还为学生未来的职业方向提供了有针对性的准备。通过深入学习专业知识和实际工作经验的积累，学生更容易适应相关行业的要求，增加就业机会。

（三）通识教育课程的全面素养培养

通识教育课程是培养学生全面素养的桥梁，它不仅关注学科知识，更强调跨学科、跨文化的综合素养。通识教育课程的作用主要包括：

1. 跨学科思维培养

通识教育课程涵盖多个学科领域，有助于培养学生的跨学科思维。通过不同学科的学习，学生能够形成综合性的认知，拓宽自己的知识视野。

2. 全球化视野拓宽

通识教育课程通常包括国际事务、文化交流等内容，能够拓宽学生的全球化视野。这种跨文化的学习体验有助于提高学生在国际化环境中的适应能力。

3. 批判性思考与解决问题的能力

通识教育课程强调批判性思考和解决问题的能力。通过学习不同领域的知识，学生能够掌握独立思考、分析问题的能力，提高自身的综合素养。

（四）实践课程的实际运用与社会责任

实践课程强调学生在实际场景中应用知识、解决问题的能力，旨在增加学生的实际操作经验和增强学生的社会责任感。实践课程的作用主要包括：

1. 实际应用能力培养

实践课程通过实际项目、学生的实习、实训等方式，使学生能够将学到的理论知识应用到实际场景中，培养学生的实际应用能力。这种能力对学生未来的职业发展至关重要，能够使其更具竞争力。

2. 社会责任感培养

实践课程还有助于培养学生的社会责任感。通过参与社区服务、公益活动等实践项目，学生能够认识到自己在社会中担任的角色和承担的责任，形成积极向上的社会价值观。

3. 团队协作与沟通技能提升

实践课程通常涉及团队协作，要求学生与他人共同完成任务。这有助于提升学生的团队协作和沟通技能，培养其在团队中更好地发挥作用的能力。

（五）选修课程的个性化拓展与发展

选修课程为学生提供了更大的个性化空间，学生能够根据个人兴趣和职业发展方向进行选择。选修课程的作用主要体现在：

1. 个性化兴趣拓展

选修课程可以满足学生个性化的兴趣需求，使其能够在感兴趣的领域深入学习，激发学习的主动性。

2. 职业发展方向塑造

选修课程的选择可以有针对性地塑造学生的职业发展方向。学生可以选择与自己未来职业相关的课程，提前为职业发展做好准备。

3. 跨学科交叉学习

选修课程还可以促进学科之间的交叉学习。学生有机会通过选修不同学科的课程，培养跨学科的综合素养，提高解决问题的综合能力。

（六）实验课程的探索精神与创新思维

实验课程是培养学生探索精神和创新思维的有效途径，其作用主要表现在：

1. 科学方法与实验设计

实验课程能够培养学生运用科学方法和设计实验的能力。通过实际操作，学生能够了解科学研究的过程，提高实验设计和数据分析的能力。

2. 问题解决与创新能力

实验课程鼓励学生主动探索未知领域，培养他们解决问题和创新的能力。在实验中遇到问题时，学生需要动脑筋思考解决方案，这能够培养学生独立思考的能力和创造性思维。

3. 实践操作技能提升

实验课程不仅能够帮助学生将理论知识应用到实际中去，还能提升学生的实践操作技能。这对于工程、医学等实践性强的专业尤为重要。

（七）在线课程的灵活学习与信息获取

随着科技的发展，在线课程在课程体系中的地位逐渐凸显，其作用主要体现在：

1. 灵活学习时间与地点

在线课程使学生能够更加灵活地安排学习时间和地点，能够适应不同学生的学习需求和生活方式。

2. 跨地域资源获取

通过在线课程，学生可以获取全球范围内的优质教育资源。这种跨地域的资源获取有助于提升学生的学科水平和拓宽学生的全球化视野。

3. 数字技术应用

在线课程通常结合数字技术，通过丰富的多媒体资料、实时互动等方式为学生提供更生动、直观的学习体验，促使学生更好地理解和消化知识。

各类课程在课程体系中相互关联、相互支持，共同构建起促进学生全面成长的框架。核心课程奠定学科基础；专业课程深化专业知识与实践；通识教育课程培养全面素养；实践课程强调实际运用与社会责任；选修课程支持个性化拓展；实验课程培养探索精神与创新思维；在线课程为学生提供灵活学习与全球资源获取的机会。这些课程共同构建起一个丰富多彩、适应未来需求的课程体系，为学生的综合发展提供了有力支持。

三、创新创业课程内容设计的基本原则

（一）针对目标受众的差异性原则

创新创业课程的受众可能涵盖不同专业、不同年级、不同背景的学生。因此，创新创业课程的内容设计应当充分考虑到目标受众的差异性。这一原则包括以下几个方面：

1. 考虑专业差异

不同专业的学生在创新创业方面可能具有不同的基础知识和技能。因此课程内容需要根据不同专业学生的特点，对模块进行有针对性地设计，确保其能够满足不同专业学生的需求。

2. 考虑学科交叉

创新创业往往涉及多个学科领域，课程内容设计应当鼓励学科交叉。通过引入跨学科的案例、项目和讲师，促使学生在不同学科领域中获得启示，培养学生的跨学科思维。

3. 考虑年级层次

不同年级的学生对创新创业的理解和能力水平存在差异。课程内容的设计要因年级而异，逐渐加深难度，以适应学生在不同学年的成长和发展需要。

（二）注重实践性和项目导向原则

创新创业课程的本质是培养学生的实践能力，因此，创新创业课程的内容设计应强调实践性和项目导向。以下是相关原则：

1. 项目化教学

课程内容应当设计具有实践性的项目，让学生在实际操作中学到知识和技能。这有助于提高学生解决问题的能力和实际操作能力。

2. 创业计划开发

引导学生从零开始编写创业计划，创业计划应涵盖市场调研、商业模式设计、财务规划等方面。通过开发实际的创业计划，能够培养学生的创业思维和商业意识。

3. 企业实习和合作

通过与企业合作或到企业中实习，学生能够深入了解创新创业的实际运作，与业界人士互动，获得实际经验。这种实践性的学习方式有助于使学生更好地融入到创新创业领域中。

（三）培养创新思维的原则

创新创业课程的目的之一是培养学生的创新思维，使其能够在不断变化的社会中找到机会。以下是相关原则：

1. 倡导开放思维

课程内容设计应当鼓励学生保持开放的思维，接受不同观点和意见。引入创新思维的案例和教学方式，激发学生的创新灵感。

2. 培养问题解决能力

通过课程内容设计，引导学生在面对挑战时能够运用创新思维解决问题。这包括培养学生的批判性思维、分析问题的能力以及找到创新解决方案的能力。

3. 鼓励失败与反思

创新创业往往伴随着风险和失败，课程内容设计应鼓励学生接受失败，从失败中汲取经验教训。通过案例分享和反思，促使学生更加勇于尝试创新。

（四）倡导可持续发展原则

可持续发展是当今社会的重要理念，创新创业课程内容设计也应该体现可持续性。以下是相关原则：

1. 引入可持续创新案例

通过引入以可持续发展为核心的创新案例，激发学生对可持续发展的兴趣和认知，培养他们在创新创业中考虑环境和社会责任的能力。

2. 可持续商业模式

课程内容设计应当探讨可持续商业模式的构建，使学生认识到在考虑创新创业如何实现经济效益的同时，还要考虑社会和环境的可持续性。通过分析和讨论企业在经济、社会和环境方面的影响，培养学生对企业社会责任和可持续发展的认识。

3.可持续创业项目

鼓励学生在创新创业项目中融入可持续发展的理念，设计对社会和环境友好的产品或服务。通过实际的项目实践，培养学生在创业中考虑可持续性的思维方式。

（五）整合科技与创新原则

创新创业领域与科技密不可分，课程内容设计应当紧密结合科技趋势和创新理念。以下是相关原则：

1.引入最新科技趋势

创新创业课程内容要及时更新，引入最新的科学和创新技术。学生需要了解并运用当前科技发展的最新成果，以更好地适应创新创业领域的变革。

2.数字化教学手段

课程内容设计应充分利用数字化教学手段，包括在线资源、虚拟实验、远程合作等。通过数字化手段，能够更好地展示和演示创新创业过程，加深学生的学习体验。

3.技术创新项目

鼓励学生在课程中参与技术创新项目，通过实际操作掌握相关技术，培养他们的技术创新能力。这可以通过与科技公司的合作、实验室项目等方式实现。

（六）激发团队合作与沟通原则

创新创业往往需要团队合作，因此课程内容设计要激发学生的团队协作和沟通能力。以下是相关原则：

1.团队项目设计

将课程设计为团队项目的形式，让学生在团队中合作解决问题，培养他们的团队协作和沟通技能。

2.创业沟通培训

培养学生在创新创业中的沟通技能，包括演讲、写作、团队会议等方面。这有助于使学生更好地向外界传递创业项目的理念，吸引潜在投资者或用户。

3.跨专业合作

设计项目和案例要鼓励跨专业的合作。通过跨学科的合作，学生能够从不同专业的角度获取不同的见解和解决问题的方式。

　　创新创业课程内容设计的基本原则旨在满足不同受众的需求，强调实践性和项目导向，培养创新思维，注重可持续发展，整合科技与创新，激发团队合作与沟通。这些原则不是孤立存在的，而是相互交织、相辅相成的，它们共同构建了一个全面、系统的创新创业课程内容体系，为学生提供了更丰富、更实用的知识和技能。在教学中，教育者可以根据实际情况灵活运用这些原则，不断优化和创新课程内容，以更好地服务学生的创新创业教育。

第三节　创新创业教育课程体系的课程设置

一、核心课程的确定与设计

（一）核心课程的确定

1. 学科结构与综合素养

　　核心课程的确定首先需要考虑学校的学科结构和教育理念。学科结构的合理性直接关系到学生获得全面知识和综合素养的能力。因此，在确定核心课程时，需要综合考虑各学科的重要性和互补性，确保学生在主修专业的同时，能够接触到其他学科领域的基本知识。

2. 教育目标与社会需求

　　核心课程的确定也需要紧密围绕教育目标展开。学校的教育目标通常包括培养学生的批判性思维、创新能力、团队协作精神等。因此，核心课程的设置应当有助于实现这些目标，使学生在学业结束时具备综合素养，能够适应社会的需求。

3. 社会反馈与行业需求

　　核心课程的设置需要充分考虑社会反馈和行业需求。了解当前社会对人才的期望和各个行业的发展趋势，有助于更准确地确定核心课程的内容。这需要学校与社会、行业保持密切联系，进行定期的需求调研和反馈分析。

4. 学科前沿与科技发展

　　随着科技的不断发展，一些新兴学科和领域日益受到关注。核心课程的确定需要及时关注学科前沿和科技发展，引入新的知识和理念，确保学生能够接触到最新的科技成果和思潮，提高对未来的适应能力。

（二）核心课程的设计

1. 课程结构与体系

核心课程的设计要有清晰的结构和体系，确保各门课程之间灵活衔接，形成一个有机的整体。这包括设置公共基础课程、专业基础课程、跨学科课程等，使学生在学业过程中逐步深化对专业知识的理解。

2. 课程内容与学科特点

核心课程的设计需要注重课程内容的合理性和学科特点的突出。对于不同学科，核心课程应当侧重培养学生的专业素养，强调专业知识和实践技能的结合。同时，跨学科的内容设计有助于培养学生的综合能力。

3. 教学方法与手段

核心课程的设计不仅需要考虑知识体系，还需要考虑教学方法和手段。采用多样化的教学方法，如案例教学、实验教学、讨论课等，有助于激发学生的学习兴趣，培养其独立思考和解决问题的能力。

4. 课程评价与反馈

核心课程的设计也需要考虑评价体系。课程评价不仅仅是对学生学业水平的反馈，更是对课程设置和教学方法的反思。建立科学的课程评价机制，及时收集学生的反馈意见，有助于不断优化核心课程的设计。

（三）关键问题与挑战

1. 专业性与通识性的平衡

核心课程的设计面临的一个挑战是如何在专业性和通识性之间取得平衡。一方面，要确保学生在主修专业方面有深厚的知识储备，另一方面，还要培养其在跨学科领域的综合素养。这需要设计灵活多样的课程，使学生能够在学习专业知识的同时接触到其他学科领域的基本概念。

2. 教育目标与实际执行的衔接

核心课程的设计需要与学校的教育目标紧密衔接，但在实际执行过程中，可能会遇到一些难以调和的问题。例如，学校强调创新能力的培养，但具体的课程设置和教学方法是否能够真正实现这一目标，需要认真思考和反复调整。

3. 科技发展与知识更新的压力

核心课程的设计还需应对科技发展和知识更新的压力。随着科技的迅速发展，一些新兴领域的知识可能迅速过时，传统领域的知识也可能需要不断更新。因此，核心课程的设计要注重灵活性，随时调整课程内容，确保学生接触到最新的知识和技术。

4. 教育资源分配的问题

核心课程通常涉及多个学科领域，需要统筹各类教育资源。但在实际情况中，不同学科的资源分配可能存在差异，这会影响到核心课程的设计和实施。需要制定合理的资源分配计划，确保每门核心课程都能够得到充分的支持。

5. 学生个体差异的考虑

学生个体差异是核心课程设计中需要充分考虑的因素。不同学生具有不同的兴趣、学科倾向和学习方式，如何在核心课程中满足这些差异化需求，提高学生的学习积极性，是一个需要认真思考的问题。因此，核心课程的设计要具有灵活性，允许学生在一定范围内选择符合自己兴趣和发展方向的内容。

（四）案例分析

为了更具体地了解核心课程的确定与设计，可以以一所高校为例进行分析。假设该高校的核心课程设置包括基础数学、人文历史、自然科学、创新创业等多个领域。在这个案例中，核心课程的确定与设计可以遵循以下步骤：

1. 识别学校的教育目标

学校需要明确自己的教育目标。比如，是否强调培养学生的创新能力、社会责任感、团队协作等。这有助于为核心课程的设计提供指导。

2. 分析学科结构和专业需求

通过分析学校的学科结构和各专业的需求，确定哪些学科领域应该纳入核心课程，以保证学生在主修专业的同时，具备全面的知识基础。

3. 调查社会反馈和行业需求

与社会、行业保持密切联系，了解社会对人才的期望和行业对专业技能的需求。这有助于调整核心课程内容,使之更符合社会和行业的实际需求。

4. 结合学科前沿和科技发展

紧密关注学科前沿和科技发展,引入新的知识和理念。可以通过邀请业界专家、开设前沿科技讲座等方式,确保核心课程紧跟时代潮流。

5. 制定灵活的课程结构

设计灵活多样的课程结构,包括公共基础课程、专业基础课程、跨学科课程等。允许学生在一定范围内选择符合自己兴趣和发展方向的内容,提高学习的自主性。

6. 采用多元化的教学方法

结合不同的教学方法,如案例教学、实验教学、讨论课等,激发学生的学习兴趣,培养其独立思考和解决问题的能力。

7. 建立科学的评价体系

建立科学的课程评价体系,包括考试、作业、项目实践等多个维度,及时收集学生的反馈意见,有助于不断优化核心课程的设计。

核心课程的确定与设计是高校教育中的一项关键工作。在这个过程中,学校需要充分考虑学科结构、教育目标、社会需求等多个方面的因素,确保核心课程既能满足学科要求,又能够提高学生的综合素养和实际能力。关键在于平衡专业性和通识性,紧跟社会和科技的发展,灵活运用多元化的教学方法,建立科学的评价体系。

在核心课程的设计中,学校需要不断进行调查研究,与社会和行业保持密切联系,及时了解各个领域的最新需求和趋势。灵活设计课程结构,根据学科特点和学生个体差异,设置有趣、实用且具有前瞻性的核心课程。

同时,为了保证核心课程的实际效果,建议学校采取定期的评估机制,通过学生评价、教师反馈等方式,及时了解核心课程的教学效果,发现问题并进行调整。

总体而言,核心课程的确定与设计需要全校师生的共同努力,既要充分体现专业性,又要注重通识素养的培养,确保学生在接受高等教育的过程中获得全面的知识储备和能力提升。通过科学的规划和灵活的执行,核心课程将为学生未来的发展奠定坚实的基础。

二、选修课程的设置与实施

高校教育的多样性体现在学科设置的广泛性和灵活性上，而选修课程作为其中的一部分，为学生提供了更加丰富的学习选择。选修课程的设置与实施涉及学校的课程规划、学科发展战略、学生需求以及教学资源的充分利用等方面。本文将深入探讨选修课程的设计、管理和实施等方面的关键问题，以促进高校教育的多元化和个性化发展。

（一）选修课程的设计

1. 确定选修课程的目标

选修课程设计的首要任务是明确课程的目标。这包括培养学生的专业深度、拓展学科广度、提高综合素养等方面。学校需要考虑到学科发展趋势、社会需求和学生兴趣等因素，以确保选修课程目标与整体教育目标相一致。

2. 了解学生需求和兴趣

学生的需求和兴趣是选修课程设计的重要依据。学校可以通过调查问卷、座谈会等形式了解学生对于特定学科或主题的兴趣，以便提供更贴近学生需求的选修课程。这也有助于吸引更多学生积极参与选修。

3. 考虑社会和行业需求

选修课程应该与社会和行业的需求相契合，能够使学生在学习过程中获取实际应用价值。通过与相关企业、机构合作，学校可以更好地把握社会和行业的发展方向，为选修课程的设置提供更有针对性的指导。

4. 保持学科前沿性

选修课程应该具有一定的前瞻性，关注学科的新进展、新理论、新技术等。这有助于激发学生的学科兴趣，培养其创新精神。学校可以通过邀请行业专家、学术大师参与选修课程的设计和授课，保证其学科的前沿性。

5. 考虑跨学科设置

为了培养学生的综合素养，选修课程可以考虑跨学科设置。这种设计有助于拓宽学生的学科视野，促使其形成更加全面的知识结构。跨学科设置也能够更好地应对复杂多变的社会问题，培养学生解决问题的能力。

（二）选修课程的管理

1.制定明确的选修课程政策

学校需要建立明确的选修课程管理政策，包括选修课程的学分要求、选课资格、选课程序、退选规定等方面。这有助于保障选修课程的有序进行，确保学生的学业发展不受制约。

2.合理安排选修课程的时间和地点

选修课程的时间和地点安排应该与学生的主修课程相协调，避免时间冲突和学业负担过重。学校可以借助现代化的课程管理系统，提供在线选课服务，方便学生根据个人时间表进行选择。

3.确保选修课程的师资力量

选修课程的师资力量至关重要。学校需要确保选修课程能够吸引到具有丰富经验和专业知识的教师，为学生提供高质量的教学服务。鼓励教师参与选修课程的设计和更新，保持课程的新颖性和前瞻性。

4.设置选修课程评估机制

为了评估选修课程的教学效果，学校可以建立科学的评估机制。这包括学生的课程评价、教师的教学反馈、学科实践成果等多个层面的评估手段。通过持续性的评估，学校可以及时了解选修课程的状况，进行改进和优化。

（三）选修课程的实施

1.制定实际可行的课程计划

选修课程的实施需要制定实际可行的课程计划。这包括确定每门课程的课时安排、实验实践环节、考核方式等具体细节。计划应该充分考虑到学生的学业负担和实际学习需求，避免过度安排引起的教学效果不佳现象的发生。

2.提供多样化的教学方法

为了激发学生的学习兴趣和提高课程的吸引力，选修课程的实施应该采用多样化的教学方法。例如，可以结合案例分析、小组讨论、实地考察等方式，使学生能够在不同的情境中学到知识和技能。此外，引入互动式教学、实践性项目等元素，促使学生更深入地理解和应用所学内容。

3.强化实践环节和实际应用

实践环节和实际应用是选修课程的实施过程中关键的一部分。通过实地考察、实验操作、实习实训等方式，使学生能够将理论知识与实际问题相结合，提高其解决实际问题的能力。学校可以与企业、行业建立合作关系，为学生提供更多实践机会。

4. 创造积极的学习氛围

为了推动选修课程的积极实施，学校需要创造积极的学习氛围。这包括鼓励学生参与讨论、提问，组织相关学术活动、比赛等，激发学生的学科兴趣。此外，也可以通过建立学科兴趣小组、研究团队等，促进学生之间的交流和合作。

5. 进行定期的课程评估和调整

选修课程的实施并不是一成不变的，需要进行定期的课程评估和调整。通过对学生的反馈意见、教师的教学经验总结、课程实际效果等方面的评估，及时发现问题并进行调整。学校可以设立课程评估小组，定期对选修课程进行评估，确保其质量和效果。

选修课程的设置与实施是高校教育中的重要组成部分，对于提高学生的综合素养、拓宽学科视野、培养实际应用能力具有重要意义。通过合理的选修课程设计、科学的管理机制和积极的实施策略，学校可以为学生提供更加灵活和个性化的学习服务，推动高校教育朝着更加多元、创新的方向发展。

三、实践性课程在体系中的地位与作用

随着社会经济的不断发展和科技的不断进步，高等教育面临着更加复杂多变的挑战。为了培养更具实际应用能力的人才，实践性课程在高校教育体系中逐渐崭露头角。实践性课程强调将理论知识与实际操作相结合，通过实践活动培养学生的创新能力、解决问题的能力以及团队协作能力。本文将深入探讨实践性课程在高校教育体系中的地位与作用，以期为高校教育的改革与发展提供有益的参考。

（一）实践性课程的概念及特点

1. 实践性课程的概念

实践性课程是指那些强调学生动手能力、实际操作以及实地实践的课程，旨在通过真实的场景和实际问题，培养学生的实际应用能力。这类课程不仅关注理论知识的传授，更注重学生在实际操作中的学习与体验。

2.实践性课程的特点

注重实际操作：实践性课程通过实际操作，让学生亲身体验和应用所学知识，加深对理论知识的理解。

强调问题解决：实践性课程通常以问题为导向，培养学生解决实际问题的能力，培养创新思维。

注重团队协作：实践性课程通常以项目为载体，要求学生在团队中协作完成任务，培养团队协作与沟通能力。

结合产业需求：实践性课程紧密结合产业需求，使学生具备更好的就业竞争力。

（二）实践性课程在高校教育体系中的地位

1.实践性课程与学科体系的关系

实践性课程与学科体系相辅相成，两者相互促进。实践性课程强调的是知识在实际应用中的发挥，而学科体系更注重理论体系的建构。实践性课程通过实际案例，拓展学科的应用领域，为学科体系提供实践基础。

2.实践性课程与综合素养的培养

实践性课程是培养学生综合素养的有效途径之一。通过对实践性课程的学习，学生不仅能够掌握专业知识，还能培养实际操作的技能、团队协作的精神以及解决问题的能力，使综合素养得到全面提升。

3.实践性课程与就业市场的连接

实践性课程能够更好地满足就业市场的需求。通过进行实际操作和参加实践项目，学生能够更好地适应职场环境，具备实际工作中所需的技能和素质，提高就业竞争力。

（三）实践性课程的作用与意义

1.培养实际应用能力

实践性课程通过实际操作，让学生在真实场景中运用所学知识，培养实际应用能力。学生通过动手操作，能够更深刻地理解专业知识，增强解决实际问题的能力。

2.促进创新思维

实践性课程强调问题导向，通过实际项目培养学生的创新思维。学生在解决实际问题的过程中，需要思考创新性的解决方案，培养独立思考能力和创造性思维。

3. 提高团队协作能力

许多实践性课程以团队项目为主，通过团队合作完成任务。这有助于学生培养团队协作、沟通协调的能力，加强集体智慧的发挥。

4. 增强职业素养

实践性课程紧密结合产业需求，使学生在学习过程中更贴近实际工作环境。这有助于学生更早地适应职场，提前培养职业素养，为未来就业打下坚实基础。

（四）实践性课程设计与实施的关键问题

1. 教学团队的建设

实践性课程需要具备丰富实际经验和专业知识的教学团队。学校应该鼓励教师参与实践项目，与企业、行业建立紧密联系，不断提升团队的实践水平。

2. 实践性教材和资源的准备

实践性课程的成功实施离不开丰富、系统的实践性教材和资源的支持。学校需要投入资金和人力，开发实用性强的实践性教材，为学生提供充足的实践资源，确保实践性课程的顺利进行。

3. 项目设计与管理

实践性课程通常以项目为载体，因此项目的设计与管理至关重要。学校需要设立专门的项目设计与管理部门，负责课程项目的策划、组织和监督，确保项目能够达到预期的教学效果。

4. 评估与反馈机制

为了有效评估实践性课程的效果，学校需要建立完善的评估与反馈机制。通过学生的表现、实际项目的成果、企业和行业的反馈等多方面的信息，对实践性课程进行定期评估，及时调整课程设计和实施方案。

5. 校企合作与资源整合

实践性课程的设计和实施需要学校与企业、行业建立紧密的合作关系。学校可以与企业签订合作协议，共同开发实践项目，利用企业资源为学生提供实践机会，实现校企共赢。

实践性课程作为高校教育体系中的重要组成部分，具有培养学生实际应用能力、提高综合素养、对接产业需求的显著优势。然而，实践性课程的设计与实施面临一系列挑战，需要学校深入思考如何加强教学团队建设、完善评估机制、拓展校企合作等方面的工作。

未来，随着社会的不断发展和产业结构的变化，实践性课程将更加重要。学校需要积极创新教学方法，结合行业需求，设计更具针对性和实用性的实践性课程，为学生提供更广阔的职业发展空间。同时，学校还需要加强对实践性课程的研究，总结成功经验，为高校教育体系的不断优化提供更多有益的经验。通过共同努力，实践性课程必将在高校教育中发挥更为重要的作用，为培养更多具有实际应用能力的优秀人才做出更大的贡献。

第四节　创新创业教育课程体系的实施

一、逐渐转变创新创业教育理论

随着社会经济的不断发展和科技的快速进步，创新创业成为推动社会进步和经济发展的重要力量。创新创业教育作为培养创新人才和推动创业精神的关键组成部分，其理论框架也在不断演变和完善。本文将深入探讨创新创业教育理论的逐渐转变过程，分析其演进的原因和对高等教育的影响。

（一）传统创业教育理论的局限性

1. 企业家精神的机械理解

传统创业教育理论在早期主要关注培养学生的企业家精神，但对企业家精神的理解相对机械，主要集中在创业者的个人特质和经验上，忽视了创业环境和创业过程的综合影响。

2. 缺乏跨学科综合性

传统创业教育理论往往将创业过程划分为创意、计划、执行等阶段，但缺乏对不同学科的跨界整合。这使得学生难以全面理解创业过程中的多元要素，无法在复杂的商业环境中灵活应对。

3. 缺乏实践导向

过去的创业教育理论偏向于理论知识的传授，缺乏实践导向。学生在传统创业课程中难以获得真实的创业经验，限制了他们在实际创业中能力的发展。

（二）创新创业教育理论的转变

1. 强调创新能力的培养

随着创新在社会发展中的重要性日益凸显，创新创业教育理论逐渐强调培养学生的创新能力。不再将创业仅仅看作是创业者个体的行为，而是强调整个社会和组织的创新能力。

2. 引入设计思维和跨学科融合

新的创新创业教育理论引入了设计思维和跨学科融合的概念。通过设计思维，学生能够更好地理解用户需求，从而更有针对性地进行创新。跨学科融合则强调不同学科之间的协同作用，提高学生在多领域合作中的能力。

3. 注重实践与社会责任

转变后的理论更加注重实践导向，强调学生通过实际项目参与和社会实践，提升创新创业技能。同时，强调企业在创新创业过程中应当承担社会责任，关注可持续发展。

（三）转变原因分析

1. 社会经济结构的变化

随着科技和信息技术的快速发展，传统产业面临着新的挑战，创新成为推动经济增长的关键。因此，创新创业教育理论的转变与社会经济结构的变化密切相关。

2. 全球化背景下的竞争压力

全球化使得企业面临更加激烈的国际竞争，创新能力成为企业立足全球市场的核心竞争力。创新创业教育理论的转变是为了培养更具国际竞争力的人才。

3. 科技与信息时代的要求

科技与信息时代对人才提出了更高的要求，传统的创业教育理论已经无法满足时代需求。新的理论更注重培养学生的学科综合能力和创新思维，使其具备适应快速变化的科技和信息环境的能力。

4. 创业生态的复杂性

现代创业生态日益复杂，涉及众多利益相关者，包括企业、投资者、政府、社会组织等。新的创新创业教育理论更加关注整个创业生态系统的运作，强调使学生理解并融入创业生态中。

（四）对高等教育的影响

1. 提升学生的实际应用能力

新的创新创业教育理论注重实践导向，通过项目实践和社会实践，使学生在实际操作中掌握知识，提升解决实际问题的能力，增强实际应用能力。

2. 培养跨领域综合能力

跨学科融合的理念使得学生能够更好地理解和应对多领域的问题，提升学生的综合素养。培养跨领域综合能力有助于使学生能更好地适应复杂多变的创新创业环境。

3. 强调创业的社会责任

新的理论将创业与社会责任相结合，使学生在创业过程中更加注重社会影响和可持续发展。这有助于培养出具有社会责任感的创业者，促使企业在创新创业中注重社会贡献。

4. 培养创新思维和团队协作

设计思维的引入有助于培养学生的创新思维，使其能更好地理解用户需求，提高创造性解决问题的能力。同时，强调团队协作使得学生能够更好地在团队中发挥协同效应。

（五）未来发展趋势与建议

1. 倡导终身学习观念

未来，创新创业教育理论的发展需要倡导终身学习观念，使学生能够不断适应和应对快速变化的社会和经济环境。

2. 强调数字化和科技创新

数字化和科技创新是未来社会发展的主要趋势，创新创业教育理论需要更加强调对学生进行数字化和科技创新的培养，以使其适应未来职业的要求。

3. 拓展国际合作

创新创业教育理论的转变需要更多的国际合作，借鉴和吸收不同国家和地区的成功经验，共同推动创新创业教育的发展。

4. 加强与产业的深度合作

创新创业教育需要更加深度地与产业合作，将教育与实际创新创业环境更好地结合起来，为学生提供更丰富的实践机会。

创新创业教育理论的逐渐转变反映了社会对人才培养的新要求和创新创业环境的变化。从强调个体创业能力到注重创新能力、实践导向和社会责任，创新创业教育理论在不断演进中逐渐呈现出更为全面、综合且符合时代需求的特点。未来，随着社会的发展，创新创业教育理论将进一步深化和拓展。

二、提高高校对创新创业教育的重视程度

（一）高校对创新创业教育的现状分析

1. 创新创业教育地位的提升

近年来，随着社会对创新创业的需求不断增加，创新创业教育在高校中的地位逐渐提升。越来越多的高校将创新创业教育纳入人才培养的重要组成部分，设置了相关课程和实践项目。

2. 学科体系的拓展

一些高校开始拓展创新创业教育的学科体系，设立了创业管理、创新设计等专业。这有助于为学生提供更加系统和专业的创新创业培养环境，使学生拥有更多的选择。

3. 创业孵化基地的建设

部分高校积极建设创业孵化基地，为学生提供创业的实践平台。这种基地往往与企业、科研机构合作，为学生提供资源支持，帮助他们更好地进行创新实践。

4. 创新创业竞赛的推动

为激发学生的创新热情，一些高校积极推动创新创业竞赛。通过参与比赛，学生可以将理论知识应用到实际中，提高实践能力，也为未来创业奠定基础。

（二）存在的问题及挑战

1.教育资源分配不均

尽管一些高校对创新创业教育给予了足够的关注，但在整个高校系统中，仍存在教育资源分配不均的问题。与创新创业相关的一些学科相对于传统学科更难得到充分支持，导致相关课程和项目的开展受到限制。

2.创新创业氛围不浓厚

在一些高校中，创新创业氛围并不浓厚。学生的创新创业热情相对较低，部分原因是高校文化、教育体制等方面的限制，缺乏对创新创业的全方位支持。

3.实践环节不足

一些高校创新创业教育更注重理论知识的传授，而忽视了实践环节的设置。学生缺乏实际创业经验，导致毕业后难以迅速适应创业环境。

4.企业与高校合作不够紧密

部分高校与企业合作机制尚未形成良好的闭环。企业在创新创业教育中的参与度不高，缺乏与高校深度融合的模式，使得创新创业教育难以真正贴近实际需求。

（三）加强高校创新创业教育重视程度的建议

1.加大投入，优化资源配置

高校应当加大对创新创业教育的投入力度，优化相关资源的配置。通过设立专项资金、引进创业导师、建设实践基地等方式，确保创新创业教育获得足够的支持。

2.打造创新创业文化

高校应当通过改革教育体制、完善激励机制等措施，打造浓厚的创新创业文化氛围。这包括鼓励师生参与创新活动，设立相关奖励机制，促使创新创业成为学校的核心价值。

3.强化实践环节，提升实际能力

高校创新创业教育需要更加注重实践环节，通过设置创业实训课程、组织实地考察等方式，提升学生的实际能力。同时，鼓励学生参与创新创业竞赛，锻炼团队协作和解决实际问题的能力。

4.搭建产学研合作平台

高校应当积极搭建产学研合作平台，加强与企业的紧密合作。建立行业导向的创新创业实践基地，使企业参与到高校创新创业教育中，为学生提供更多的实际创业机会。通过与企业的深度合作，高校能够更好地了解行业需求，为学生提供更贴近实际的创新创业教育。

5.推动跨学科融合

高校应当推动跨学科融合，将创新创业教育与其他学科融为一体。通过跨学科的教学和研究，培养学生更全面的素养，使其能够更好地在创新创业领域中发挥综合优势。

6.激发学生创业热情

高校通过设置丰富多彩的创新创业活动，可以激发学生的创业热情。例如，组织创新创业讲座，邀请成功创业者分享经验，为学生提供创业导师，都能够帮助学生更好地了解创业的过程和挑战。

7.建立创新创业教育评估体系

高校需要建立科学的创新创业教育评估体系，对教育质量进行全面评估。通过评估结果，高校可以了解创新创业教育的实际效果，及时进行调整和改进，确保创新创业教育的持续提升。

高校对创新创业教育的重视程度直接关系到未来国家创新能力的提升和社会创业环境的改善。通过加大投入、优化资源配置、打造创新创业文化、强化实践环节、搭建产学研合作平台等方式，高校可以更好地推动创新创业教育的发展。这不仅有助于培养更多的创新人才，也有助于为社会创新创业提供了更强有力的支持。在未来，高校应当不断总结创新创业教育的经验，不断创新教育模式，促使更多的学生受益于创新创业教育，为社会和国家的发展贡献更多的智慧和力量。

三、提升社会对创新创业教育的认识水平

（一）当前社会对创新创业教育的认知状况

1.认知水平的不均衡

当前社会对创新创业教育的认知水平存在明显的不均衡。在一些发达城

市和经济发展较快的地区，人们对创新创业教育有一定的了解，并认为其对个人和社会有积极的作用。然而，在一些欠发达地区，人们对创新创业教育的认知相对较低。

2. 对创业的狭隘理解

一部分社会群体对创新创业的理解仍停留在传统的商业创业层面，忽视了创新创业的多元化和广泛应用。创新创业教育并不仅仅是培养商业创业者，更包括培养具备创新能力的科研人才、技术人才等。

3. 教育成果认知的滞后

创新创业教育的成果常常需要较长时间才能显现，但一些社会成员对其效果的产生有迫切的期望，导致创新创业教育成果的认知滞后。社会需要对长期投入的教育工作给予更多的理解和支持。

（二）社会对创新创业教育认知不足的原因

1. 传统教育观念的影响

传统的教育观念依然在一些地区和家庭中占据主导地位，强调应试教育，忽视了创新创业教育的重要性。这导致了社会对于创新创业教育认知的相对滞后。

2. 信息传播不畅

创新创业教育的理念和成果在一些地区得不到充分的宣传和推广。信息传播不畅导致公众对创新创业教育的认知难以提高，使这些地区的公众错失了更多深入了解创新创业教育的机会。

3. 社会对创新创业价值的认知局限

社会对于创新创业的认知往往局限于其经济价值层面，而忽视了其对社会、文化和科技的全方位推动作用。这种认知局限限制了社会对创新创业教育的深刻理解。

（三）提升社会对创新创业教育认知水平的建议

1. 加强创新创业教育的宣传与推广

政府、教育机构和企业应联合开展创新创业教育的宣传与推广活动，通过媒体、社交平台等多种渠道向社会传递创新创业教育的理念、目标和成果。

在宣传中，突出创新创业教育的多元化和全面性。

2. 引导媒体关注创新创业教育的典型案例

通过引导媒体关注创新创业教育的成功案例，让社会看到创新创业教育在实践中取得的成就。通过这些案例，可以更生动地展示创新创业教育的价值和影响，激发社会对其的认同感。

3. 开展社区创新创业教育活动

在社区层面组织创新创业教育活动，向社区居民普及创新创业教育知识，提高他们的认知水平。可以通过举办讲座、培训班、创业比赛等方式，将创新创业教育带到更加贴近生活的场景中。

4. 引导家庭关注创新创业教育

家庭教育是影响学生认知的重要因素，因此需要通过家长会、家庭访谈等途径，向家庭传递创新创业教育的重要性。引导家庭从小培养孩子的创新思维和创业意识，形成积极的家庭教育氛围。

5. 建立社会对创新创业教育的评估机制

建立社会对创新创业教育的评估机制，通过对创新创业教育成果的客观评估，向社会展示创新创业教育的实际效果。这可以通过定期发布创新创业教育的成果报告、成功案例和学生创业项目的展示等方式进行。

6. 促进产业界与高校合作

加强产业界与高校的合作，建立更紧密的产学研合作平台。产业界可以提供实际的创新创业需求和场景，高校则通过教育培训和科研支持满足产业的需求。通过合作，产业界能更深入地了解创新创业教育的价值，从而更好地支持和推动创新创业教育的发展。

7. 开展跨领域对话与合作

促进不同领域之间的对话与合作，加强创新创业教育与其他领域的融合。可以通过组织跨学科的论坛、研讨会，邀请来自不同领域的专家学者共同探讨创新创业教育的理念和实践，推动不同领域的知识和经验交流。

8. 提高创新创业教育师资水平

加强创新创业教育师资队伍的培养，确保教师具备丰富的实践经验和前沿的创新创业知识。通过持续的培训和交流，教师能够更好地引导学生，同时也能更好地向社会传递创新创业教育的核心理念。

提升社会对创新创业教育的认知水平是一个复杂而长期的过程，需要各方共同努力。通过加强创新创业教育的宣传与推广、引导媒体关注典型案例、开展社区教育活动、促进产业界与高校合作、建立评估机制、进行跨领域对话与合作、提高师资水平等方面的努力，可以逐步改善社会对创新创业教育的认知状况。

创新创业教育是为未来社会培养创新者和创业家的重要途径，其价值不仅体现在个人的职业发展和成就上，更体现在社会的全面进步和可持续发展上。通过不断提升社会对创新创业教育的认知水平，社会将更好地理解、支持并参与创新创业教育，为建设创新型社会和培养更多的创新创业人才奠定坚实基础。

四、优化创新创业环境

（一）创新创业环境的重要性

1. 促进经济增长

优化创新创业环境可以促进经济的稳健增长。创新创业是经济活力的源泉，能够推动产业升级、促进就业增长，为国家和地区的经济带来更多的动力。

2. 培养创新人才

良好的创新创业环境有助于吸引和培养更多的创新人才。这些人才在创新创业的过程中，不仅推动了科技和产业的发展，还为社会带来了更多的智慧和创造力。

3. 改善社会结构

创新创业可以改善社会结构，使资源得到更加合理的配置。新兴产业的发展能够引领整个社会向更为智能、绿色、可持续的方向转变，从而提高社会的整体素质。

4. 增加国际竞争力

创新创业环境的优化可以增强国家或地区的国际竞争力。具有创新活力的地区更容易吸引国际投资，吸纳全球性创新资源，提高其在国际中的地位。

（二）当前创新创业环境存在的问题

1. 制度不够完善

一些地区的创新创业制度还不够完善，相关法规、政策等方面存在滞后或不够灵活，这制约了创新创业活动的开展。

2. 资金难题

创新创业需要投入大量资金，而一些初创企业或创新项目可能面临资金难题。创业者普遍感到创业初期的融资难度大，这限制了创新创业的发展。

3. 人才短缺

一些地区缺乏高素质的创新人才，人才流动性不足，使得创新创业的活力受到制约。此外，创新人才的培养和引进也存在一定的难度。

4. 缺乏创业文化

一些地区的创新创业环境中缺乏浓厚的创业文化氛围，创业者面临的风险较大，创业失败的接受度相对较低，这阻碍了创新创业的蓬勃发展。

（三）优化创新创业环境的策略和建议

1. 完善创新创业法规与政策

政府应当加强对创新创业法规与政策的研究和制定，确保其及时、灵活地满足创新创业的需求。同时，应当适时修订与完善相关法规，减少创新创业的制度性障碍。

2. 加大对创新创业的资金支持力度

政府和社会应当加大对创新创业的资金支持力度，建立更为灵活的融资体系。可以通过设立风险投资基金、引导社会资本参与等方式，降低初创企业和项目的融资难度。

3. 加强人才培养和引进

政府和企业可以通过设立奖学金、引进人才计划等方式，加强对高素质创新人才的培养和引进。同时，加强与高校、科研机构的合作，建立创新人才的培养体系。

4. 建设创业文化

社会应当倡导积极向上的创业文化，提高创业者的社会地位，鼓励创新创业。通过举办创业大赛、创业沙龙、创业论坛等活动，营造浓厚的创业氛围。

5. 推动创新与产业融合

政府和企业可以加强与产业界的合作，推动创新创业与产业的深度融合。通过建立产学研合作平台、支持创新型企业，促使科技创新更好地服务于实际产业发展。

6. 加强国际交流与合作

促进国际创新创业合作与交流，吸收全球创新资源。政府可以制定政策，鼓励本地创新企业与国际企业、科研机构进行合作项目，促使创新成果的国际化交流。同时，鼓励本地创新人才参与国际性的学术会议、科技展览等活动，拓宽视野，引进国际尖端技术和管理经验。

7. 提升创新创业教育水平

加强创新创业教育，培养更多具备创新创业精神的人才。高校和培训机构应当根据市场需求调整创新创业教育课程，注重实践操作，培养学生创新思维和实际操作能力。政府可以通过投入资金、设立奖学金等方式，提升创新创业教育的水平。

8. 建立创新创业评估体系

建立科学合理的创新创业评估体系，对创新创业企业和项目进行全方位的评估。通过分析评估结果，政府和投资机构可以更准确地了解创新创业项目的潜力和风险，有针对性地为创业者提供支持与帮助。

9. 加强科技与产业政策协同

科技政策与产业政策的协同对于创新创业的环境优化至关重要。政府应当制定支持科技创新的政策，同时完善配套产业政策，推动科技创新成果更好地转化为实际生产力，促使产业升级。

10. 提高创新创业公共服务水平

加强创新创业公共服务平台建设，提供全方位、多层次的服务。这包括法律咨询、市场推广、人才引进等多方面的服务，为创业者提供便利，降低创业成本，确保创新创业的顺利进行。

优化创新创业环境是一个系统工程，需要政府、企业、社会各界共同努力。通过加强法规建设、优化资金支持、培养创新人才、建设创业文化等方面的努力，可以不断改善创新创业的生态环境，激发创新创业活力。希望在未来，社会各界能够更加关注和支持创新创业，为推动社会经济的可持续发展贡献力量。

第五章 创新创业师资队伍建设

第一节 创新创业教育师资队伍建设探析

一、师资队伍建设的基本需求

（一）培养与引进优秀教师

1. 搭建良好的培养体系

为了培养出高水平的教师，高校需要搭建完善的培养体系。这包括设立专业的师范类专业，为有志于从教的学生提供系统的师范培训。培养过程应涵盖教育理论、教育法律法规、教育心理学等多个方面的知识，以确保学生在毕业后具备一定的教育素养。

2. 提供系统的终身学习机会

教育领域发展迅速，教师需要不断更新自己的知识储备和改善教学方法。高校应该为在职教师提供终身学习机会，鼓励他们参与各类学术研讨、培训课程，保持教育前沿的理论和实践水平。

3. 引进国际化视野的教师

引进有国际化视野的优秀教师是提升高校整体教育水平的有效途径。这些教师不仅在学科领域有深厚造诣，还能为学生提供国际化的教育体验，促使学生具备跨文化沟通和合作的能力。

（二）提升教师的综合素养

1. 提高学科素养

教师首先需要在自己的学科领域具备深厚的专业素养。这包括对学科的熟练掌握，对最新研究进展的了解，以及对学科知识在实际教学中的应用能力。

2.培养创新创业精神

现代教育需要培养学生的创新创业精神，而教师本身也应具备这一素养。高校应该通过组织创新项目、提供创业培训等方式，激发教师的创新潜能，使其成为创新创业教育的引领者。

3.发展教育技术应用能力

随着信息技术的飞速发展，教育技术在教学中的应用愈发重要。教师需要具备运用多媒体、在线教学平台等现代教育技术的能力，以提高教学效果和提高学生的兴趣。

4.培养团队协作精神

良好的团队协作有助于教师共同解决教育中的问题，提升整个师资队伍的水平。高校应鼓励教师参与团队项目、跨学科研究，培养协作精神，促进教育资源的共享与整合。

（三）构建良好的教育环境

1.提供良好的工作条件

提供舒适、安全的工作环境对于教师的工作积极性和创造力的发挥至关重要。高校应该不断改善教学楼、实验室、办公环境等设施，为教师创造良好的工作条件。

2.设立激励机制

建立科学合理的激励机制，通过薪酬、晋升、荣誉等方面的激励，吸引并留住高水平的教师。激励机制不仅应关注学术研究的成果，也应重视教学和社会服务等方面的贡献。

3.支持教育研究

鼓励教师参与教育研究，提升教育科研水平。高校应提供充足的研究资源，支持教师进行教育实践和教育理论的深入研究，从而提高教学质量。

4.加强交流与合作

通过组织学术讲座、国际交流、学术合作等方式，鼓励教师积极参与学术活动，拓宽学术视野，并增进与国内外同行的交流与合作。这不仅有助于教师不断学习、更新知识，提高教学水平，同时也有助于促进学科发展和高校的国际化。

5.建立健全的评价体系

建立全面科学的教师评价体系，综合考查教师教学、科研、社会服务等多个方面的表现。通过评价体系，对教师进行定期评估和激励，提高教师的职业素养，激发工作热情。

6.提供持续的职业发展支持

为教师提供持续的职业发展支持，包括参与国内外学术研讨会、申请科研项目、发表论文等。高校可以建立专门的职业发展指导机构，帮助教师规划职业发展路径，提供相关培训和支持。

7.强化教师的教育理念

高校应该通过教育理念的培训和引导，加强教师的教育使命感和责任感。培养教师对教育事业的热爱和责任心，使其能够以积极的态度投入到教学和学生的培养中。

8.支持教育创新和实践

为教师提供支持，鼓励他们在教育创新和实践中发挥主动性。高校可以设立教育创新基金，资助有创新项目的教师，促使其教学内容和方式的不断更新。

师资队伍建设是高等教育事业的关键环节，关系到高校的教育质量和发展水平。通过培养与引进优秀教师、提升教师的综合素养、构建良好的教育环境等方面的努力，可以不断提升高校师资队伍的整体水平。希望高校能够在师资队伍建设上加大投入力度，为培养更优秀的人才、推动高等教育的可持续发展做出更大的贡献。

二、不同层次师资的角色与作用

高校师资队伍是推动教育事业发展的关键力量，不同层次的师资在高校中承担着各具特色的角色与作用。从初级职称到高级职称，每个层次的教师都在教学、科研、社会服务等方面发挥着独特的作用。本文将探讨不同层次师资的角色与作用，以期为高校师资队伍建设提供一定的参考。

（一）初级职称师资

1. 角色定位

具有初级职称的教师通常是刚刚步入教育岗位的新手，他们可能在学科知识上较为熟练，但在教学经验和科研实践方面相对欠缺。他们在高校中的主要任务是承担基础课程的教学工作，辅助高级职称教师进行科研项目的实施。

2. 作用发挥

教学工作：初级职称教师承担大量的本科生课程的教学工作，通过教学工作提升自己的教育能力。他们在课堂上传递基础知识，培养学生的基本学科素养。

科研支持：虽然在科研方面经验相对较少，但初级职称教师可以通过参与高级职称教师的科研项目，积累科研实践经验，逐步提升自己的研究水平。

学科建设：参与学科建设，为学科的教学内容更新和发展提供新的思路。初级职称教师的参与使得学科更具活力。

（二）中级职称师资

1. 角色定位

具有中级职称的教师在教育生涯中已积累了一定的教学和科研经验，具备一定的学科深度。他们在高校中的任务逐渐由基础课程扩展到专业课程，开始独立承担一些科研项目。

2. 作用发挥

教学与专业课程建设：中级职称教师负责更为专业的课程的教学工作，能够结合实际工作经验为学生提供更深入的专业知识。

科研独立承担：具备一定的科研能力，中级职称教师开始独立承担科研项目，推动学科领域的发展。

学科群体带动：通过在教学和科研方面的积累，中级职称教师成为学科团队中的关键人物，能够带动学科团队整体水平的提升。

（三）高级职称师资

1.角色定位

具有高级职称的教师是学科领域的骨干力量，已经在教学、科研和学科建设等方面取得了显著的成绩。他们在高校中承担重要的领导职务，对学科的发展起到了关键作用。

2.作用发挥

教学与学科建设：高级职称教师在教学方面有丰富的经验，能够指导和带领团队进行教学改革和学科建设。

科研领军人物：在科研方面取得重要的研究成果，引领学科的发展方向，带领团队进行高水平的科研工作。

学术带头人：在国内外学术界有一定的影响力，能够组织国际学术交流、主持重大科研项目，为学科建设赢得更多的资源。

（四）特聘教授及杰出人才

1.角色定位

特聘教授及杰出人才是学校师资队伍中的领军人物，他们拥有国内外学术界的顶级水平，对学科有着深刻的理解和领导力。

2.作用发挥

学科领军：特聘教授及杰出人才是学科的领军人物，他们的到来不仅提升了学科的整体水平，还为学科团队带来了先进的学术理念并指明了新的研究方向。

国际交流：具备丰富的国际学术交流经验，能够促进学科在国际上的声誉和影响力。

人才培养：通过指导博士生、硕士生和协助培养优秀的青年教师，为学科培养和输送人才提供了强有力的支持。

科研项目负责人：通常能够主持国家级重大科研项目，引领团队进行前沿科研工作，对学科的发展方向有着决定性的影响。

（五）各层次师资的协同作用

不同层次的师资在高校中形成了层层递进的组织结构，各层次师资之间存在紧密的协同作用，共同推动着学校的教育事业发展。

1. 传承与培养

初级职称教师在教学和科研中得到中级职称和高级职称教师的指导和培养，通过与他们的合作，初级职称教师能够更快速地适应教育岗位，提高自身的教育水平。

2. 团队建设

中级职称教师作为学科群体的关键成员，负责组织和协调团队内的工作。与初级职称教师一起合作，形成教学与科研的良好协同效应。

3. 学科发展

高级职称和特聘教授及杰出人才在学科发展中发挥着引领和推动的作用。他们能够为学科提供前沿的学术理念和科研方向，引领学科走向国际舞台。

4. 人才引进

学校通过引进特聘教授及杰出人才，不仅能够提高学校整体水平，还能为初级和中级职称教师提供更广阔的学术视野和学科发展机会。

（六）不同层次师资的发展需求

1. 初级职称

初级职称教师需要通过系统的培训和实践，提高自己的教育水平。学校可以加强对初级职称教师的导师制度建设，帮助他们更好地融入教育体系。

2. 中级职称

中级职称教师在专业领域有了一定的经验积累，需要更多的机会参与科研项目，提升自己的研究水平。学校可以通过设立科研基金、提供项目支持等方式，激发中级职称教师的科研热情。

3. 高级职称

高级职称教师需要更多的机会参与学科领导层次的工作，发挥自己在学科建设中的作用。学校可以提供更广泛的资源支持，支持他们在学科领域取得更大的成就。

4. 特聘教授及杰出人才

特聘教授及杰出人才通常已经在学科领域取得了卓越的成就，但仍需要学校提供更好的科研平台和团队支持，使他们在学科领域发挥更大的影响力。

不同层次师资在高校中各司其职，形成了协同发展的格局。初级职称教师通过与中级职称教师的合作，逐渐提升自己的教育水平和科研实力。而中级职称教师则在初级职称教师的基础上，承担更多专业课程，参与更独立的科研项目，为学科的发展提供了更多动力。高级职称的教师不仅在教学与科研方面有了丰富的经验，还在学科和学术领域有了更大的话语权，成为学科建设的中坚力量。而特聘教授及杰出人才则是学科领域的引领者，他们的加入使学科更具国际竞争力。

在师资队伍建设中，学校需要根据不同层次的师资的特点和需求，为其提供相应的培训和支持。初级职称的教师需要更多的教育培训，中级职称的教师需要得到更多的科研支持，高级职称的教师需要有更多的机会参与学科建设，特聘教授及杰出人才则需要更好的科研平台和团队支持。

总体而言，不同层次师资的合理配置与协同发展，将有助于提升高校整体的教育水平和科研实力。各层次师资之间的紧密合作和相互促进，将为学科发展、学术研究和人才培养提供更为坚实的基础。希望通过对不同层次师资的角色与作用的深入分析，能够为高校的师资队伍建设提供更为科学合理的指导和建议。

三、创新创业师资队伍建设的难点与挑战

随着创新创业教育逐渐被受到重视，高校创新创业师资队伍建设成为推动这一教育领域发展的关键环节。然而，创新创业师资队伍建设面临着一系列的难点和挑战。本文将深入探讨创新创业师资队伍建设中的困境，分析存在的问题，并提出应对之策。

（一）理论水平不足

1.挑战

创新创业领域的理论体系相对较新，且处于不断发展之中。一些教师在这一领域的理论水平相对较低，对于最新的创新创业理念、方法和工具了解不足，难以适应快速发展的潮流。

2.应对之策

专业培训：针对教师的创新创业理论水平相对较低的情况，学校可以组织专业培训，邀请业界专家做讲座，引导教师学习最新的创新创业理论，提高其专业水平。

学科交流：鼓励教师参与学科交流，与其他高校和企业的专业人士进行深入合作，分享经验和见解，促进理论水平的共同提升。

（二）实践经验匮乏

1.挑战

创新创业教育的核心在于培养学生的实际应用能力，然而一些教师在实践经验方面存在较大的不足。缺乏实际的创业经历和企业实践经验，导致其教学过程中难以真实地传递创新创业的本质。

2.应对之策

产学研结合：加强学校与企业的合作，建立创新创业实验室、孵化基地等平台，为教师提供更多的实践机会，促使其深入了解创新创业的实际操作过程。

行业导师引入：邀请创业成功的企业家或行业专业人士担任导师，为教师提供实际经验的指导，使其能够更好地将理论知识与实际操作相结合。

（三）课程体系不完善

1.挑战

部分高校在创新创业课程体系建设上存在滞后问题，缺乏系统性和科学性，导致教学内容不够全面，无法满足学生全面发展的需求。

2.应对之策

专业课程规划：针对创新创业教育的特点，学校应该进行专业的课程规划，使涵盖创业理论、创新管理、商业模式设计等方面的知识，确保学生能够全面掌握创新创业的核心内容。

跨学科合作：在课程设计中加强不同学科的合作，引入工程师、设计师、市场专家等多领域的教师，开设综合性、实践性强的创新创业课程。

（四）创新创业教育资源不足

1.挑战

创新创业教育需要借助大量的外部资源，包括企业合作、实践基地、资金支持等。然而，由于资源分配不均，一些高校面临着创新创业教育资源不足的问题。

2.应对之策

建立校企合作基地：学校可以与企业建立长期稳定的合作关系，共建创新创业实践基地，充分利用企业资源，为学生提供更多实践机会。

创新创业基金：学校可以设立创新创业基金，用于支持学生创业项目，提供启动资金，吸引更多学生参与创业实践。

（五）评价体系不健全

1.挑战

目前，创新创业教育的评价体系相对滞后，难以客观评估教师在创新创业教育中的贡献，也难以准确评估学生在创新创业方面的能力。

2.应对之策

建立多维度评价体系：制定创新创业教育的多层次、多角度的评价指标，包括学生的创业项目成果、教师的教学质量、课程的实际效果等，形成全面的评价体系。

行业认证：学校可以通过与行业协会、企业进行合作，建立创新创业教育的行业认证机制，由专业人士对学校的创新创业教育进行评估认证，提高教育的可信度和权威性。

（六）师资队伍多元性不足

1.挑战

创新创业领域的师资队伍多元性不足，即缺乏跨学科的教师和来自产业界的专业人士。这会限制创新创业教育的广度和深度，难以满足学生多样化的需求。

2.应对之策

跨学科合作：学校可以积极推动不同学科的教师进行合作，建立创新创业跨学科团队，形成更全面、多元的创新创业教育体系。

产业导师引入：鼓励企业成功人士作为兼职教师或导师，分享实际创业经验，为学生提供更实用的指导，增强创新创业教育的实际效果。

（七）创新创业文化培养不足

1.挑战

在一些高校中，创新创业文化尚未形成，学生对于创业的兴趣和积极性不高。这与师资队伍缺乏创业经验、创新创业课程体系不健全等因素有关。

2.应对之策

创新创业文化建设：学校可以通过组织创业大赛、创业沙龙、企业参访等活动，营造学校内创新创业的氛围，激发学生的创业兴趣。

导师示范作用：师资队伍中的创业导师可以发挥示范作用，通过自身的成功经验激发学生的创新创业热情，带动学校创新创业文化的培养。

（八）缺乏长期支持机制

1.挑战

创新创业师资队伍建设需要长期的支持机制，包括资金、政策和管理等方面的支持。一些高校在这方面存在短期行为，难以形成长期稳定的发展。

2.应对之策

设立创新创业基金：学校可以设立专门的创新创业基金，用于支持师资队伍建设、创新创业项目的实施等，确保长期的投入。

政策支持：学校可以争取政府相关部门的支持，建立创新创业教育的政策保障机制，为师资队伍提供长期的政策支持。

（九）学科交叉融合困难

1.挑战

创新创业教育需要涉及多个学科领域的知识，而传统学科的划分使得学科交叉融合相对困难，导致创新创业教育无法充分发挥学科的整合效应。

2.应对之策

设立跨学科研究中心：学校可以设立创新创业跨学科研究中心，集结不同学科领域的专家，共同研究解决创新创业教育中的问题。

推动学科整合：学校可以通过调整学科设置、推动学科整合，促使不同学科之间更好地协同合作，实现知识的跨学科融合。

（十）国际化视野不足

1. 挑战

创新创业教育需要紧跟国际潮流，吸收国际先进的理念和经验。然而，一些高校在师资队伍的国际化视野培养方面存在欠缺。

2. 应对之策

国际交流项目：学校可以鼓励师资队伍参与国际学术交流项目，拓展国际化的视野，学习国际先进的创新创业教育理念。

引进国际教育资源：学校可以引进国际教育资源，邀请国际知名创业导师和专家进行讲座、合作研究，提高师资队伍的国际化水平。

创新创业师资队伍建设在面临诸多难点和挑战的同时，也蕴含着巨大的发展机遇。学校需要在提升理论水平、积累实践经验、健全课程体系、完善教育资源等方面不断加强建设，形成长效机制，推动创新创业教育在高校的深入发展。只有通过全面而有针对性的改革与建设，才能更好地满足学生创新创业的需求，培养更多具有创新精神和创业能力的人才。

第二节　创新创业教育师资队伍建设
困境与策略

一、创新创业教育师资队伍的现状分析

随着创新创业教育在高校日益受到重视和得到推广，师资队伍的建设成为影响其发展的关键因素之一。创新创业教育的师资队伍涵盖了各个学科领域，师资队伍也需要具备跨学科的知识和实践经验，以培养学生的创新思维和创业能力。本文将对创新创业教育师资队伍的现状进行综合分析，包括数量状况、专业背景、实践经验、国际化水平等方面，以期为进一步提升创新创业教育质量提供参考。

（一）数量状况

1. 师资数量

创新创业教育的发展需要具备相应背景和经验的师资队伍，目前高校中从事创新创业教育的师资数量仍相对较少。绝大多数高校，只有少数教师参与创新创业教育，这导致了该领域师资队伍的整体匮乏。

2. 学科分布

创新创业教育横跨多个学科领域，包括管理学、工程学、信息技术、社会科学等。然而，由于传统学科的分隔，学科间的协同与整合相对薄弱，导致了创新创业教育中师资队伍在学科分布方面不均衡现象的发生。

（二）专业背景

1. 管理学科

管理学科是创新创业教育的核心领域之一，涵盖了创业管理、创新管理等专业。拥有管理学科背景的师资能够为学生提供系统的创新创业理论和管理知识，但在实际创业经验方面存在不足。

2. 工程技术学科

工程技术学科对于创新创业也有着重要的贡献，特别是在技术创新和工程管理方面。然而，工程技术背景的教师在创业经验和商业化运作方面的经验可能相对欠缺。

3. 跨学科

创新创业教育需要跨学科的师资队伍，能够整合多个学科领域的知识。具备跨学科背景的教师有助于打破传统学科的壁垒，促进创新思维的交流与碰撞。

（三）实践经验

1. 创业经验

师资队伍中是否有来自创业领域的教师，对于创新创业教育的实效性至关重要。拥有创业经验的教师能够通过自身的实践案例为学生提供有力的启发和指导。

2. 产业经验

除了创业经验外，来自产业界的经验同样重要。产业经验丰富的教师能够更好地了解行业的需求和趋势，为学生提供更实用的就业指导。

3. 国际化经验

随着全球化的发展，培养具有国际视野的创新创业人才变得愈加重要。拥有国际化经验的教师能够引入国际先进的创新创业理念和教育资源，提高教育水平。

（四）国际化水平

1. 国际学术交流

在国际学术交流方面，一些高校创新创业教育师资队伍与国际同行的交流相对较少。这可能导致国际先进的创新创业教育理念难以融入到国内的实际教学中。

2. 国际导师合作

国际导师合作是提升国际化水平的有效途径。一些高校通过邀请国际创新创业导师，进行合作研究、课程设计等，促进国际与国内创新创业教育的融合。

（五）挑战与问题

1. 学科分隔

由于传统学科设置的分隔，学科间的协同与整合相对薄弱，导致了创新创业教育中师资队伍在学科分布方面不均衡现象的发生。这使得跨学科的创新创业教育难以得到充分发展。

2. 缺乏实践经验

在一些高校中，师资队伍虽然具备丰富的理论知识，但缺乏创业实践经验，导致教学内容难以贴近实际创业场景，影响教学效果。

3. 国际化水平不足

创新创业教育的国际化水平相对不足是一个较为普遍的问题。在全球化的趋势下，培养具有国际竞争力的创新创业人才对于我国高校至关重要。然而，一些高校在引入国际化创业教育理念、与国际导师合作等方面存在一定的滞后。

4. 教师培训不足

创新创业教育师资队伍的培训问题也需要引起关注。目前，一些高校在创新创业教育师资培训上的投入仍然有限，导致部分教师在创业教育方法、案例分析等方面的理论体系和实际应用水平相对较低。

5. 评价体系不完善

师资队伍的评价体系对于提升教育质量具有重要作用，然而在创新创业教育中，一些高校尚未建立起完善的评价体系。对于教师在创新创业教育中的具体贡献、创新成果等方面的评估仍存在一定的模糊性。

（六）对策与建议

1. 提升教师的实践能力

为提升师资队伍的实践能力，学校可加强与企业的合作，鼓励教师参与实际创业项目，并为教师提供相应的支持和奖励。建立创业实践基地，让教师深入到产业实践中，积累更多的实际经验。

2. 建设跨学科团队

创新创业教育需要跨学科的综合能力，学校可以鼓励教师之间的跨学科合作，构建具有综合能力的创新创业教育团队。促使不同学科的教师共同参与创新创业课程设计与实施，提高课程的综合性和实效性。

3. 国际化交流与合作

通过加强与国外高校的交流与合作，引入国际导师，组织国际化的创新创业教育项目，拓宽教师的国际化视野。鼓励教师参与国际学术会议、项目合作等，提升国际化水平。

4. 加强师资培训

学校可建立创新创业教育师资培训体系，通过组织专业培训、经验交流等方式，提高教师的创新创业理论水平和实践操作能力。鼓励教师主动学习最新的创新创业理论和方法。

5. 完善评价机制

建立科学的评价机制，明确创新创业教育师资队伍的评价指标，包括教学成果、创新创业项目指导、学生就业率等方面。通过评价机制，及时发现并激励优秀的创新创业教育教师。

6.加大政策支持

政府可以通过实施相关政策,加大对创新创业教育师资队伍的支持力度,设立专项资金用于创新创业教育师资培训、实践基地建设等方面。形成政府、学校、企业等多方协同推动创新创业教育发展的良好态势。

创新创业教育作为培养创新人才和推动经济社会发展的重要途径,在高校中的地位愈加凸显。而师资队伍作为创新创业教育的核心资源,其现状的分析与改进对于提升教育质量、推动学科发展至关重要。通过采取上述对策与建议,希望能够逐步完善创新创业教育师资队伍,为培养更多优秀的创新创业人才奠定坚实基础。

二、建设创新创业师资队伍的困境

随着创新创业教育的迅速发展,高校在建设创新创业师资队伍方面面临着一系列的挑战和困境。这些困境不仅涉及师资数量、专业背景、实践经验等方面,还包括评价体系不完善、师资培训不足等问题。本文将深入探讨创新创业师资队伍建设中的困境,并提出一些建设性的建议。

(一)数量状况的困境

1.师资数量不足

在许多高校中,创新创业教育师资队伍数量相对较少。这导致了师资队伍无法满足不断增长的创新创业教育需求,从而制约了创新创业教育的全面发展。

2.学科分布不均衡

创新创业教育涉及多个学科领域,而目前师资队伍中学科分布不均衡的问题突出。某些学科的师资相对丰富,而另一些学科则相对匮乏,造成创新创业教育的片面性和不均衡性。

(二)专业背景的困境

1.管理学科主导

在创新创业师资队伍中,管理学科的占比相对较高。这导致了创新创业教育过度强调管理理论,而忽视了工程技术、社会科学等学科的贡献。

2. 缺乏跨学科

创新创业本质上是一个跨学科的领域，需要各个学科的综合应用。然而，师资队伍中缺乏具有跨学科背景的教师，难以提供全面、多层次的创新创业教育。

（三）实践经验的困境

1. 缺乏创业经验

部分师资队伍缺乏实际的创业经验，这使得教学过程中无法真实反映创业领域的复杂性和变化性。学生难以从理论中获得足够的实践指导。

2. 少数教师实践机会不足

即便有具备实践经验的教师，由于实践机会不足，他们也难以保持对创新创业领域的敏感性和前沿性。这使得教学内容相对滞后。

（四）国际化水平的困境

1. 缺乏国际交流

在全球化的大背景下，创新创业教育需要具有国际化的视野。然而，师资队伍的国际交流相对不足，导致国际先进理念难以融入到国内教学中。

2. 国际导师合作不足

国际导师的合作对于提升创新创业教育的国际化水平至关重要。然而，目前很多高校在国际导师的引进和合作方面仍存在不足。

（五）评价体系的困境

1. 缺乏科学评价标准

创新创业教育的评价体系相对薄弱，缺乏科学的、客观的评价标准。这导致教师在创新创业教育中的贡献难以准确量化，难以形成切实可行的激励机制。

2. 教育质量评估体系不完善

目前，对于创新创业教育的教育质量评估体系不够健全。缺乏全面、多维度的评估体系，使得高校在教育质量方面缺乏有效的监督与改进机制。

（六）师资培训的困境

1.缺乏系统培训机制

创新创业师资队伍的培训相对不足，缺乏系统的培训机制。这使得一些教师在创新创业理论和方法方面的应用水平不高。

2.落后于创新动态

创新创业领域的发展速度快，教师在培训中容易滞后于创新动态。一些新兴的创新理念和创业模式可能未能及时纳入培训内容。

（七）对策与建议

1.建立跨学科合作机制

学校可以建立跨学科的创新创业教育团队，通过合作机制促使不同学科的教师共同参与创新创业课程设计与实施，提高课程的综合性和实效性。建立跨学科合作平台，鼓励不同学科的教师参与创新创业项目，促使创新创业教育更好地对接实际应用，满足多元化的学科需求。

2.加强国际交流与合作

为了提升国际化水平，高校可以加强与国外高校的交流与合作，引进国际导师，组织国际化的创新创业教育项目。通过国际交流，教师能够更好地了解国际创新创业的最新动态，将国际先进理念引入到国内教学中。

3.设立师资培训体系

建立创新创业教育师资培训体系，包括定期组织专业培训、经验交流等形式。通过培训，提高教师在创新创业理论和方法方面的水平，使其更好地适应创新创业领域的发展要求。

4.加强实践机会

为提升师资队伍的实践经验，高校可加强与企业的合作，为教师提供更多的实践机会。建立创业实践基地，让教师深入到产业实践中，不仅能够增加实践经验，还能够更好地将实际经验融入到教学中。

5.完善评价体系

建立科学的创新创业教育师资评价体系，明确评价指标，包括教学成果、创新创业项目指导、学生就业率等方面。通过建立科学的评价机制，激励教师更好地参与创新创业教育。

6. 提升师资队伍国际化水平

通过设立国际交流项目、引进国际导师、参与国际合作项目等方式，提升师资队伍的国际化水平。加强国际经验的交流，使教师更好地融入到国际创新创业中去。

7. 建立创新创业教育师资数据库

建立创新创业教育师资队伍的数据库，及时收集、整理和更新教师的相关信息，包括专业背景、实践经验、国际交流等方面的情况。通过数据库，学校可以更有针对性地进行师资管理和培训。

8. 政策支持

政府可以通过相关政策，加大对创新创业教育师资队伍的支持。设立专项资金用于创新创业教育师资培训、实践基地建设等方面，形成政府、学校、企业等多方共同推动创新创业教育发展的良好态势。

通过采取上述对策与建议，希望能够逐步摆脱创新创业师资队伍建设中存在的困境，推动创新创业教育在高校中取得更好的发展。师资队伍的不断完善将为培养更多优秀的创新创业人才提供有力支撑，推动我国创新创业教育取得更为显著的成果。

三、有效策略推动师资队伍的建设

创新创业师资队伍的建设对于高校创新创业教育的质量和水平至关重要。为了推动师资队伍的建设，制定并实施有效的策略显得尤为重要。本文将探讨一系列有效的策略，以促进创新创业师资队伍的全面发展。

（一）建立跨学科的培养机制

创新创业本质上是一个跨学科的领域，要求教师具备多学科的知识和技能。为了培养具有跨学科背景的创新创业师资，可以制定并实施以下策略：

1. 设立跨学科的师资培训项目

通过设立专门的跨学科培训项目，引导教师深入了解其他学科领域的知识，拓宽视野，提高综合素养。培训项目可以包括学科交流研讨、实地考察等形式，让教师更好地理解创新创业的全局性。

2. 推动跨学科研究项目

鼓励教师参与跨学科的研究项目，通过合作研究，促使不同学科领域的教师共同参与创新创业教育的研究和实践，形成有机的合作关系。

3. 设立跨学科的创新创业课程

在课程设置上引入跨学科的创新创业课程，让不同学科的教师共同参与教学，为学生提供全方位、多维度的创新创业教育。

（二）建立与企业的深度合作机制

与企业的深度合作是创新创业教育的重要保障，师资队伍需要具备与企业合作的实际经验。以下是推动师资队伍建设的有效策略：

1. 设立企业实践基地

在校内设立企业实践基地，为教师提供与企业深度合作的机会。教师可以在实践中了解行业需求、掌握最新技术动态，提高创新创业教育的实战性。

2. 建立产学研合作平台

搭建产学研合作平台，促进教师与企业、科研机构的合作。这样的平台可以为教师提供项目合作、技术转移等机会，使教师能够更好地将实际经验融入到创新创业教育中。

3. 鼓励教师参与企业项目

通过激励机制，鼓励教师参与企业项目，提升实践经验。这既有助于教师更好地理解企业需求，也有助于促使创新创业教育更贴近实际。

（三）建立国际化师资队伍培养机制

国际化水平的提升对于创新创业师资队伍的建设至关重要。以下是建立国际化培养机制的有效策略：

1. 引进国际导师

通过引进具有国际视野和丰富创新创业经验的国际导师，为师资队伍注入国际化的理念和方法，促使创新创业教育更好地融入国际潮流。

2. 设立海外交流项目

建立海外交流项目，鼓励教师参与国际学术研讨、实地考察等活动。这有助于拓宽教师的国际视野，加深其对国际创新创业教育的理解。

3.培养双语教师团队

鼓励教师学习和掌握第二语言，培养具备国际沟通能力的双语教师团队。这有助于提高师资队伍的国际化水平，使其能够更好地服务国际学生群体。

（四）建立科学的评价与激励机制

科学的评价与激励机制是推动创新创业师资队伍建设的关键。以下是建立科学机制的有效策略：

1.制定明确的评价指标

明确创新创业教育的教学、科研、实践等方面的评价指标，为教师提供清晰的发展方向。评价指标可以包括学科贡献、创新创业项目指导、实践经验等多个维度。

2.建立师资队伍分类管理制度

根据教师的不同背景和贡献程度，建立分类管理制度。对于具有丰富实践经验、国际背景的优秀教师，可以采取更灵活的管理和激励措施，如项目经费支持、学术荣誉等。而对于新进教师或需要提升的教师，可以提供更系统的培训和指导，通过阶段性评估，激发其发展潜力。

3.建立奖励机制

设立创新创业教育师资队伍的奖励机制，对取得显著成绩和贡献的教师给予嘉奖、奖金等奖励。这不仅能够激发教师的积极性，也能够在全校范围内树立榜样。

4.加强对教学成果的评估

教师的教学水平是创新创业教育质量的重要保障。建立科学的教学评估机制，关注教师在创新创业课程中的教学效果，通过学生评价、同行评审等方式对教学进行全面评估。

5.建立创新创业教育师资发展档案

建立详细的师资队伍档案，记录教师在创新创业教育领域的发展历程、项目参与情况、教学效果等信息。这有助于及时发现和总结教师的经验和成果，为评价和激励提供依据。

（五）鼓励创新创业实践与研究

创新创业师资队伍的建设需要注重实践经验和科研成果。以下是鼓励创新创业实践与研究的有效策略：

1. 支持教师参与创业实践

鼓励教师积极参与创业实践项目，可以通过提供项目经费、资源支持等方式，让教师深入实际创业环境，提升其实践经验。

2. 设立创新创业教育研究项目

为教师提供创新创业教育研究项目的支持，鼓励其进行前沿研究，推动创新创业教育理论的不断发展。设立相关项目资助和奖励，提高教师的科研积极性。

3. 鼓励教师撰写创新创业教育教材

支持教师编写创新创业教育相关教材，鼓励其在教材编写过程中深入思考创业教育理念和方法，推动创新创业教材的更新与完善。

4. 促进教师产学研深度融合

通过加强与企业的合作，推动教师产学研深度融合，将科研成果更好地应用于实际创业项目中。这不仅能够提升教师的实践水平，也有助于形成创新创业教育的良性循环。

（六）激发教师的创新创业热情

为了激发教师的创新创业热情，需要采取一系列有效的策略：

1. 提供创新创业教育培训

提供专业的创新创业教育培训，使教师更好地了解创新创业的理论体系和实际操作，提高其教学水平和创业指导能力。

2. 建立分享与交流平台

建立教师分享与交流平台，鼓励教师分享自己的创新创业经验、教学案例等，促进师资队伍内部的经验共享与交流。

3. 设立创新创业教育优秀教师奖励

设立创新创业教育的优秀教师奖励，对表现出色的教师给予肯定和奖励，以激发教师的积极性和创业热情。

4. 提供项目支持和资金奖励

为教师提供创新创业项目支持和资金奖励，鼓励其参与实际创业项目，将理论知识与实践经验相结合。

5.引导学术成果向创新创业转化

引导和激励教师将学术研究成果向创新创业领域转化，推动理论研究与实际应用的有机结合。

通过以上策略的制定与实施，可以有效加强创新创业师资队伍的建设。这些策略不仅有助于提高教师的专业素养，更能增强其创新创业教育的实际效果，促进学生能够更好地掌握创业技能和培养创新创业精神。

（七）加强学科交叉与合作

创新创业涉及多个学科领域，加强学科交叉与合作是培养创新创业师资队伍的关键。以下是相关策略：

1.设立创新创业学科交叉研究机构

建立创新创业学科交叉研究机构，吸引不同学科背景的教师共同从事创新创业研究。这有助于促进知识的交流和共享，形成学科交叉的合作氛围。

2.制定学科交叉合作计划

制定创新创业学科交叉合作计划，鼓励教师跨学科合作，共同承担创新创业项目、共建创新创业课程等，提升师资队伍的整体创新创业教育水平。

3.举办学科交叉研讨会和讲座

定期举办学科交叉的研讨会和讲座，邀请不同领域的专家学者分享创新创业的最新研究成果和实践经验，促进学科之间的交流合作。

（八）建立反馈机制与持续改进

为了保持师资队伍的活力和创新性，建立有效的反馈机制和持续改进策略是不可或缺的：

1.设立教学评估与改进机制

建立定期的教学评估机制，通过学生评价、同行评审等方式对教师的创新创业教育工作进行全面评估，并及时提出改进建议，促进教师教学质量的提高。

2.制定师资队伍发展规划

制定教师创新创业教育发展规划，根据个体差异和发展需求为教师量身定制发展计划，帮助其更好地实现个人与团队的发展目标。

3.建立教师社群和互助平台

建立创新创业教育师资队伍社群和互助平台，鼓励教师之间相互交流经验、分享教材、共同解决问题，营造合作共赢的氛围。

4.持续培训和学习

提供持续的创新创业教育培训和学习机会，鼓励教师参与各类学术研讨会、工作坊等，促使其不断更新知识和提升教学水平。

通过这些策略的有机结合，可以建立起一个全面、高效的创新创业师资队伍建设体系，为高校创新创业教育的提升提供强有力的支持。同时，这也有助于培养更多具有创新创业精神的学生，促进创新创业教育的健康发展。

第三节　创新创业师资队伍保障体系构建

一、创新创业教育师资培训的内容与方式

创新创业教育的快速发展要求教师在专业知识和教学方法上具备创新创业的理念和能力。因此，创新创业教育师资培训成为推动高校创新创业教育发展的关键一环。下面将探讨创新创业教育师资培训的内容和方式，旨在为培训机构和高校提供指导和借鉴。

（一）创新创业教育师资培训的必要性

创新创业教育师资培训的必要性主要体现在以下三个方面：

1.应对快速变化的创新环境

创新创业领域的知识和技能更新迅速，教师需要通过培训及时了解新兴的创新趋势和创业实践，以更好地满足学生的需求。

2.提升教师创新创业教育理念

创新创业教育的核心在于培养学生的创新思维和创业能力，教师需要通过培训树立创新创业的教育理念，引导学生创造性地解决实际问题。

3.丰富创新创业教学方法

创新创业教育需要具有灵活、实践导向的教学方法，培训有助于教师掌握创新的教学工具、案例分析和实践活动设计，提高教学质量。

（二）创新创业教育师资培训的内容

1. 创新创业基础知识培训

创新理论与模型：介绍创新的基本概念、理论框架以及不同行业中的创新模型，帮助教师理解创新的本质和多样性。

创业流程与步骤：深入解析创业的全过程，包括创意生成、商业模式设计、市场验证、融资等环节，使教师能够系统性地指导学生进行创业实践。

创新创业政策法规：了解国家和地区在创新创业领域的政策和法规，为学生提供合法合规的创业支持。

2. 教学方法与工具培训

案例教学：深入剖析成功和失败的创新创业案例，让教师通过实例了解创新创业过程中可能遇到的问题和解决方法。

实践活动设计：教师培训中可设置创业模拟、项目设计等实践活动，提升教师的实际操作能力。

创业导师角色培训：帮助教师了解如何担任创业导师，引导学生开展创新创业项目，为学生提供实质性的支持和指导。

3. 创新创业教育课程设计

课程体系规划：教师需要学习如何规划创新创业教育的课程体系，确保从基础知识到实践操作的全面覆盖。

课程内容更新：学习如何根据创新创业领域的变化及时更新课程内容，保持课程的前沿性和实用性。

4. 创业导向的团队协作

团队协作技能培训：通过团队协作案例和角色扮演，帮助教师提升团队协作和沟通能力，更好地引导学生开展团队项目。

创业团队激励：学习如何激励学生参与创新创业团队，培养学生的领导力和团队协作精神。

5. 创业实践与企业合作

实地考察与参观：安排教师进行企业实地考察，深入了解不同行业的创新创业实践，将实际案例引入教学。

企业导师培训：学习如何与企业建立合作关系，邀请企业导师参与创新创业课程，为学生提供更丰富的资源和经验。

（三）创新创业教育师资培训的方式

1.线上培训平台

利用线上平台进行创新创业教育师资培训，包括网络课程、网络研讨会和在线实践项目。这种方式具有灵活性，方便教师随时随地参与培训。

2.研讨会和工作坊

组织创新创业教育的研讨会和工作坊，通过专家讲座、案例分析、教学设计等形式，为教师提供互动交流的机会，促进经验共享和教学方法的改进。

3.实践项目和实习经验

将教师置身于创新创业实践项目中，让其亲身经历创新创业过程，培养实战能力。与企业合作安排教师参与实习项目，提升他们对行业的理解并增加他们的实践经验。

4.培训讲座与访学交流

邀请创新创业领域的专家学者举办培训讲座，分享最新的研究成果和实践经验。同时，组织教师进行访学交流，拓宽视野，学习其他高校的先进经验。

5.持续学习和反馈机制

建立创新创业教育师资培训的持续学习机制，为教师提供定期更新的培训内容，同时建立有效的反馈机制，收集教师的意见和建议，对培训内容进行及时调整和优化。

（四）培训效果的评估与改进

创新创业教育师资培训的效果评估是培训体系的重要组成部分。可以通过以下方式进行评估：

1.教学反馈和评价

收集学生对教学效果的反馈，了解教师在创新创业教育中的表现和改进空间。通过问卷调查、小组讨论等方式搜集学生意见，为教师提供改进方向。

2.教学成果展示

要求教师在培训结束后展示其在创新创业教育方面的教学成果，包括设计的课程、组织的实践项目等。通过展示，评估教师在培训中学到的知识和应用能力。

3. 教学实践观摩

组织教师进行实地观摩，到其他高校或企业实地考察创新创业教育的实践，学习借鉴其他地区和行业的成功经验。

4. 专业技能考核

进行专业技能考核，检验教师在创新创业领域的专业水平。可以通过课程设计、实践项目的设计和组织等方式进行考核。

（五）创新创业教育师资培训的挑战与对策

创新创业教育师资培训面临一些挑战，需要采取相应的对策来应对：

1. 知识更新的难度

挑战：创新创业领域的知识更新快，教师需要不断跟进新知识。

对策：建立定期的学科讲座和研讨机制，鼓励教师参与相关学术活动，保持教师的学科前沿性。

2. 实践经验的不足

挑战：部分教师可能缺乏创新创业实践经验，难以为学生提供真实的创业支持。

对策：加强与企业的合作，让教师参与实际项目，培养其实践经验。可以引入企业导师，共同指导学生进行实践。

3. 培训资源有限

挑战：一些高校可能由于资源有限，无法提供丰富多样的创新创业教育培训资源。

对策：建立创新创业教育资源共享平台，实现资源的互联互通。同时，寻求与企业、行业协会等外部机构合作，共享培训资源。

4. 师资培训认可度不高

挑战：创新创业教育师资培训在一些高校的认可度较低，教师参与的积极性不高。

对策：通过成果展示、学术论文发表等方式提高教师对培训的认可度，鼓励教师将培训成果纳入评价体系。

创新创业教育师资培训是推动高校创新创业教育发展的关键环节。通过不断优化培训内容和方式，建立有效的评估与反馈机制，可以提升教师的创新创业教育能力，进而为学生提供更优质的创业教育服务。同时，应充分利用互联网和多元化的培训资源，打破时空限制，推动创新创业教育师资培训的广泛开展。

二、创新创业教育师资的引进机制

（一）引进创新创业教育师资的必要性

1. 创业实践经验的不可替代性

创新创业教育的核心在于培养学生创新思维和创业能力，而这些能力往往需要通过实际的创业经验才能真正获得。引进具有成功创业经验的专业人士，能够为学生提供实际可行的创业指导和建议。

2. 市场需求的引导

创新创业领域的迅速发展给市场带来了对创业人才的巨大需求，引进在业界取得成就的专业人才对学生进行创新创业教育，有助于更好地满足市场对创新创业人才的需求，提升学生的就业竞争力。

3. 激发学生学习兴趣

成功创业者的生动教学案例能够激发学生的学习兴趣，让他们更加专注于创新创业学习，提高学习的积极性和主动性。

（二）引进创新创业教育师资的策略

1. 吸引优秀企业家和创业者

通过合理的薪酬和福利待遇，吸引有成功创业经验的企业家和创业者加入高校，使其成为创新创业教育的一部分。这类专业人士可以带来实际经验和业界资源，为学生提供丰富的创业实践机会。

2. 与企业建立紧密合作关系

建立与企业的紧密合作关系，将企业成功创业者纳入到高校的创新创业教育团队中，既能够满足企业的社会责任，又能够为学生提供真实的商业案例和导师资源。

3. 建立导师制度

设立创新创业导师制度，邀请成功创业者充当学生的导师，定期指导学生开展创业项目。这种方式既可以引入实践经验，又能够促进学生与实际业界的联系。

（三）引进创新创业教育师资的程序

1. 确定需求和定位

首先，高校需要明确创新创业教育师资的需求，包括所需人才的领域、岗位职责和专业背景。明确师资引进的定位，是引进全职专业人士还是兼职企业导师。

2. 制订引进计划和政策

根据需求，制订创新创业教育师资引进的计划和政策。包括引进方式、薪酬待遇、职务安排等方面的规定，确保引进的人才能够在高校有稳定的发展空间。

3. 广泛宣传和招聘

通过各类媒体和招聘渠道广泛宣传创新创业教育师资引进的信息，吸引更多的优秀人才关注招聘信息和投递职位申请。高校可以通过组织招聘会、进行校企合作推荐等多渠道进行招聘。

4. 专业评审和面试

建立专业评审团队，对应聘人员的创业经历、教学经验、行业影响力等方面进行全面评估。面试环节可以由校内专业人士和企业代表参与，确保引进的人员具有专业素质和实际经验。

5. 签订合同和培训

确定录用人选后，进入正式的合同签订环节，明确双方的权利和义务。同时，高校应该为引进的人员提供必要的培训，使其更好地适应高校的教学环境和体系。

（四）引进创新创业教育师资的评估标准

1. 教学表现评估

建立创新创业教育师资的教学表现评估体系，包括对教学效果、学生评价、课程设计等方面的考核。通过定期的教学评估，分析师资在创新创业教育中的实际贡献和影响。

2. 创业项目成果评估

评估引进的师资在指导学生创业项目方面的成果，包括学生创业成功率、项目成果、参与的创业大赛获奖情况等。这可以直观反映师资的实际指导水平和创业辅导能力。

3. 学术研究产出评估

对于引进的专业人士，其学术研究产出也是一个重要的评估标准。评估其在创新创业领域的研究成果、发表的论文、参与的学术活动等，以分析其在学术方面的水平。

4. 企业合作成果评估

如果引进的师资与企业有密切合作关系，可以通过评估合作成果，包括与企业合作的创新项目、实习实践基地的建设等，分析师资在产学研合作方面的贡献。

（五）挑战与对策

1. 融合创新创业与学科教学

挑战：创新创业教育往往需要跨学科的教学团队，而引进的师资可能来自特定领域，如何融合创新创业与学科教学成为一个挑战。

对策：建立跨学科的团队，通过团队协作和交流，使不同学科的师资能够共同参与创新创业教育，实现教学的融合。

2. 师资培训与持续发展

挑战：引进的师资可能对高校教学环境不太熟悉，需要对其进行师资培训，同时需要建立师资持续发展机制。

对策：设立专门的师资培训课程，帮助新引进的师资适应高校教学环境，并建立定期的培训和交流机制，推动其不断发展。

3. 评估体系的建立

挑战：建立科学合理的评估体系是关键，但如何权衡教学、实践和研究等方面的成果，需要认真思考。

对策：与业界专业机构合作，借鉴国际先进的评估经验，建立全面而科学的师资评估体系。

创新创业教育师资的引进机制是高校推动创新创业教育发展的关键一

环。通过科学规划引进策略、严谨的程序和全面的评估标准，高校可以吸引更多成功创业者参与到教学过程中来，为学生提供更丰富的创业教育资源，帮助他们在未来的创业道路上取得更大的成功。希望这一机制的建立能够为高校构建更加完善的创新创业的教育体系提供有力支持。

三、创新创业师资队伍的激励与评价机制

创新创业师资队伍的激励与评价机制是创新创业教育体系中的关键环节。为了激发教师的热情、提高教学质量、促进团队协作，高校需要建立一套科学合理的激励与评价机制。下面将探讨创新创业师资队伍的激励和评价机制，包括激励方式、评价指标和实施过程，旨在为高校构建更具活力和竞争力的创新创业教育团队提供参考。

（一）激励方式

1.薪酬激励

薪酬是最直接的激励手段之一。高校可以根据教师在创新创业教育中的贡献和表现，设立相应的薪酬激励机制。这包括绩效工资、项目奖金、特殊津贴等形式，以激发教师的积极性。

2.职称晋升

建立创新创业教育的职称评定标准，将参与创新创业项目、在教学中取得显著成绩等方面作为职称评定的依据。通过职称晋升来激励教师在创新创业教育领域的深耕与发展。

3.项目资源支持

为教师提供充足的项目资源，包括科研启动经费、实践基地支持、行业合作机会等。这不仅可以增加教师在创新创业领域的实践机会，还能够促进校企合作，提高教学的实践性和应用性。

4.学术研究支持

对于在创新创业领域有一定研究深度的教师，为其提供学术研究方面的支持，包括科研项目的立项、参与国际学术交流等。这可以促使教师在创新创业理论研究方面取得更多成果。

5.荣誉表彰

设立创新创业教育的荣誉奖项，如"创新创业教育优秀教师""最佳创

新创业导师"等，通过荣誉表彰的方式提高教师的社会声誉和影响力。

（二）评价指标

1. 教学效果

评价教师在创新创业教育中的教学效果，包括学生创业项目成果、学生创业成功率、课程评价等方面的表现。通过学生的反馈和项目的实际产出来量化教学效果。

2. 实践经验

考察教师在创新创业领域的实践经验，包括是否参与创业项目、是否有成功的创业经历、是否与企业建立合作关系等。实践经验的积累能够直接影响教师的创新创业教育水平。

3. 科研成果

评估教师在创新创业领域的科研成果，包括发表的论文、主持的科研项目、参与的创新创业研究等。科研成果反映了教师在创新创业领域的学术水平和研究能力。

4. 学科建设

考察教师在创新创业教育方面的学科建设工作，包括是否参与学科建设项目、是否组织学科研讨会、是否担任学科负责人等。学科建设的贡献体现了教师在学科发展方面的领导力。

5. 团队协作

评价教师在团队协作中的表现，包括是否积极参与团队项目、是否与其他教师合作开展创新创业教育工作等。团队协作能够促进资源共享、经验交流，提高团队整体的创新力。

（三）实施过程

1. 设立评价委员会

建立专门的创新创业教育师资激励与评价委员会，由具有相关背景和经验的专业人士组成，负责制定评价标准、收集评价数据、制定激励方案等。

2. 定期评价与调整

定期对创新创业师资进行评价，可以是每学年、每学期，甚至更短的时间间隔。通过评价结果，及时调整激励政策和提出改进建议，以确保评价机制的科学性和灵活性。

3. 个性化评价

采用个性化评价方法，根据教师的特长、兴趣和发展方向，为其量身定制评价指标。不同教师在创新创业教育中可能有不同的贡献和侧重点，个性化评价可以更准确地反映其真实价值。

4.360 度评价

引入多维度评价，包括学生评价、同行评价、上级评价等，形成全方位的评价体系。通过多角度的评价，可以更全面地了解教师在创新创业教育中的表现，避免片面评价。

5.建立激励档案

为每位教师建立激励档案，详细记录其在创新创业教育中的表现和获得的激励，形成激励轨迹。这不仅有助于教师了解自己的成长历程，也有助于为学校提供了有力的激励和评价依据。

6. 及时反馈与沟通

及时向教师反馈评价结果，无论是正面激励还是需要改进的方面。建立定期的沟通机制，与教师进行面对面的交流，促进双向沟通，增强教师对激励与评价的认同感。

（四）挑战与对策

1. 主观性评价

挑战：评价过程可能受到主观因素的影响，导致评价结果不公正。

对策：建立科学客观的评价指标，采用多维度评价方法，引入第三方评价，减少主观性的干扰。

2. 激励策略过于单一

挑战：激励策略过于单一可能无法满足不同教师的需求，影响激励效果。

对策：设计多元化的激励机制，包括薪酬、职称、项目支持等多个方面，以满足不同教师的个性化需求。

3. 评价指标设置难度

挑战：设置评价指标的难度过高或过低都可能影响评价的公正性和准确性。

对策：通过广泛调研和向专家进行咨询，确保评价指标既符合实际情况，又具有一定的挑战性，能够有效反映教师在创新创业教育中的表现。

4. 激励资源不足

挑战：激励资源有限可能导致激励效果不明显。

对策：科学规划激励资源的分配，优先考虑教学效果显著、实践经验丰富、科研成果突出的教师，确保激励资源的合理利用。

创新创业师资队伍的激励与评价机制对于高校创新创业教育的发展至关重要。通过合理设置激励方式、科学建立评价指标和实施灵活的评价过程，可以有效激发教师的热情，提高教学质量，推动创新创业教育事业取得更大的成就。希望高校在建立激励与评价机制的过程中能够充分考虑各方面的需求，促进师资队伍的全面发展。

第四节　创新创业师资队伍培养创新模式

一、创新创业师资队伍培养模式的构建

创新创业教育是高校教育中的一项重要任务，其成功实施离不开具备创新创业素养的师资队伍。因此，建设一支高水平、多元化、实践经验丰富的创新创业师资队伍成为提高创新创业教育质量的关键。本文将探讨创新创业师资队伍培养模式的构建，以期为高校的创新创业师资队伍建设提供有针对性的培养方案，推动创新创业教育事业取得更大的突破。

（一）培养模式构建的基本理念

1. 素质导向

创新创业师资培养模式应以素质为导向，注重培养教师的综合素养，包括创新意识、创业胆识、团队协作、实践能力等。通过全方位、多层次的培养，使教师具备应对创新创业教育多样化需求的能力。

2. 实践导向

强调实践教学和实际项目参与，让师资在实践中积累经验，深化其对创

新创业的理解。实践导向的培养模式有助于使教师更好地理解行业需求，提高创新创业教育的实用性。

3. 多元化培养路径

考虑到不同教师的背景和需求差异，构建多元化的培养路径，包括学科专业背景培养、跨学科交叉培养、企业实践培养等，使师资队伍具备更广泛的知识和技能。

（二）培养模式的关键要素

1. 学科专业培养

对于具有相关学科专业背景的教师，应为其提供深度的学科专业培养。这包括参与创新创业相关学科研究、深入了解行业发展趋势、学习最新的创新技术和管理理念等。

2. 跨学科交叉培养

针对非创新创业专业背景的教师，可设计跨学科的培训课程，引导他们了解创新创业领域的基本知识、理论和实践经验，促使其逐步转变为具备创新创业素养的教师。

3. 企业实践培养

组织教师参与企业实践，让他们深入了解创业过程、企业运营机制、市场需求等。通过与企业的深度合作，提升教师的实践能力和行业洞察力。

4. 教育理论培训

注重为师资队伍提供系统的创新创业教育理论培训，使其对创新创业教育的理论框架、方法和策略有深刻的理解。培养教师的教育教学理念，使其能够更好地引导学生。

5. 国际交流与合作

推动教师参与国际学术交流、合作项目，拓展其国际化视野。通过与国际先进经验的交流，提升师资队伍的国际竞争力，引入更多创新创业教育的国际化元素。

（三）培养模式的实施策略

1. 制订培养计划

根据不同教师的背景和需求，制订个性化的培养计划。这需要学校设立专门的培养规划机构，根据教师的学科背景和个人发展方向，制订相应的培养路径和课程安排。

2. 激励政策设计

建立创新创业师资激励政策，对积极参与培养计划的教师给予薪酬奖励、职称晋升等激励措施。激励政策的设计需要考虑到长期效应，能够激发教师持续投入创新创业教育。

3. 实施导师制度

建立创新创业教育导师制度，为培训的教师分配专业导师。导师可以为教师提供指导和建议，帮助其更好地适应培养计划，顺利完成培养目标。

4. 建设资源平台

构建创新创业教育资源平台，整合校内外资源，为教师提供学科研究、实践项目、企业实习等丰富的资源支持。资源平台可以包括学术研讨会、行业交流会、企业合作项目等，为教师提供与业界专业人士和企业家深度互动的机会，促进其实践经验的积累。

5. 持续评估与调整

建立培养模式的持续评估机制，定期对师资培养计划的执行情况进行评估，并根据评估结果调整培养方案。评估不仅关注教师个人的发展情况，也需要考察创新创业教育的实际效果，以确保培养模式的有效性。

6. 提供资源支持

为教师提供所需的培训、研究经费和实践支持。学校可以设立专门的基金或项目，资助教师参与创新创业教育相关的培训课程、学术研究项目，提高其在创新创业领域的影响力。

7. 建立交流平台

构建创新创业师资队伍的交流平台，促进教师之间的互动和合作。通过举行定期的教师座谈会、学术交流会等形式，营造良好的交流氛围，推动创新创业教育的共同进步。

（四）挑战与对策

1. 师资队伍异质性

挑战：师资队伍的背景、经验差异较大，个体差异性较强。

对策：针对师资队伍的异质性，采用差异化的培养策略，满足不同教师的个性化需求。制定灵活的课程体系，让教师可以根据自身情况选择合适的培养路径。

2.时间和精力投入不足

挑战：教师的教学任务繁重，时间和精力有限。

对策：学校需要为教师提供有针对性、高效率的培养方案，充分考虑到教师教学任务的安排，避免过分占用教师的工作时间。同时，通过激励政策提高教师参与的积极性。

3.缺乏行业实践经验

挑战：一些教师可能缺乏创业实践经验，导致教学过于理论化。

对策：鼓励教师主动参与企业实践、行业调研等活动，积累实践经验。可以通过校企合作项目、实习实训等方式，让教师更深入地了解创新创业领域。

4.激励机制不够完善

挑战：激励机制不够完善可能导致教师对培养计划的参与度不高。

对策：建立科学、合理的激励机制，包括薪酬激励、荣誉奖励、职称晋升等。激励政策需要具有长期性和可持续性，以维持教师的积极性。

构建创新创业师资队伍培养模式是高校创新创业教育事业发展的重要环节。通过理念的明确、关键要素的把握、实施策略的合理运用以及对挑战的应对，学校可以有效提升师资队伍的素质，推动创新创业教育事业蓬勃发展。在不断总结经验、创新机制的基础上，高校创新创业师资队伍培养模式将能够更好地满足时代需求，为培养更多具备创新创业精神的人才做出积极贡献。

二、创新创业教育师资培养的关键环节

创新创业教育的推进离不开一支高水平、富有实践经验的师资队伍。为了更好地培养这样的师资，创新创业教育师资培养的关键环节至关重要。本文将深入探讨创新创业教育师资培养的关键环节，包括培养计划设计、实践经验积累、教育理论培训等方面，以期为高校提供具有实际操作性的建议。

（一）培养计划设计

1.个性化规划

针对师资队伍的异质性，个性化的培养计划显得尤为重要。学校可以通过定期的师资需求调查，了解教师的背景、兴趣和发展方向，制定相应的个性化规划。这包括学科专业培养、跨学科交叉培养和企业实践培养等多元化路径，使每位教师都能够在培养计划中找到适合自己的方向。

2.课程体系建设

培养计划的核心是建设科学合理的课程体系。创新创业教育师资培养的课程体系应既包含创业领域的前沿知识，又涵盖创新创业教育的理论体系和教学方法。学校可以邀请业界专业人士和创业成功者参与课程设计，确保培养计划符合实际需求，具备前瞻性和实践性。

3.实践项目参与

培养计划中应设立实践项目，让师资能够深度参与创新创业实践。这既包括与企业的合作项目，也包括学校自主组织的实践活动。通过实践项目，教师能够更好地了解创新创业领域的实际问题，提高自身解决问题的能力，同时也有助于激发他们的创新创业思维。

（二）实践经验积累

1.企业实践机会

创新创业教育师资培养的关键环节之一是提供充分的企业实践机会。学校可以与企业建立合作关系，为教师提供参与企业实际项目、创业孵化等机会。通过深度参与实际项目，教师能够更好地理解企业运作机制，培养创新创业教育的实践能力。

2.校企合作项目

学校应积极推动校企合作项目的开展，将企业资源融入到创新创业教育师资培养中。合作项目可以包括创业导师制度、企业实训基地建设等，使教师能够在实际的创业环境中进行学习和实践，获得更丰富的经验。

3.参与创业社群

鼓励教师积极参与创业社群，与创业者、投资人、行业专家建立联系。创业社群是一个良好的交流平台，教师可以通过与创业者的深度交流，了解创业者面临的挑战和机遇，获取行业动态，从而更好地为学生提供创新创业教育服务。

（三）教育理论培训

1. 理论体系建设

创新创业教育师资培养的关键环节之一是教育理论培训。学校应建立创新创业教育的理论体系，明确创新创业教育的核心概念、方法和策略。加强教师对于创新创业教育的理论认知，有助于提高其指导学生的水平。

2. 教学方法培训

除了理论知识，教育理论培训还需要关注创新创业教育的教学方法。创新创业教育强调学生的实践能力培养，因此教师需要掌握适应创新创业教育理念的教学方法。学校可以组织教学方法培训，分享成功的案例和经验，提高教师的教学水平。

3. 教学技能提升

培养计划中应该包括教师教学技能的提升。创新创业教育注重学生的实践操作，因此教师需要具备更多的教学技能，如案例教学、项目导向教学等。通过教学技能提升的培训，教师可以更好地理解和运用创新创业教育的教学方法，提高课堂效果。

（四）定期评估与调整

1. 教师个人发展评估

建立定期的教师个人发展评估机制，通过考核教师在创新创业教育领域的成果、实践经验和理论水平，为其制定更加个性化的发展规划。教师在个人发展过程中需要有清晰的目标和方向，评估机制能够帮助他们更好地了解自己的优势和不足，有针对性地提升。

2. 教育成果评价

定期对创新创业教育的教育成果进行评价，包括学生的创业项目、竞赛成绩、创业公司的发展等方面。通过评价教育成果，学校可以更好地了解培养计划的实际效果，及时调整培养方案，保持与创新创业市场的接轨。

3.培养计划调整

不断地调整和优化培养计划是创新创业教育师资培养的关键环节之一。创新创业领域的变化较快，培养计划需要及时根据市场需求、行业发展趋势进行调整。通过定期的师资培养计划评估，学校可以及时发现问题，进行针对性的调整，确保师资队伍的培养方向符合实际需要。

（五）资源支持

1.资金支持

为创新创业教育师资培养提供充足的资金支持是关键的环节。学校可以设立专门的资金项目，用于支持教师参与培训、项目实践、学术研究等活动。资金支持能够帮助教师更好地投入创新创业教育领域，提升其专业水平。

2.学术资源

为教师提供学术资源的支持也是重要的一环。学校可以购买相关的学术期刊、图书，建立创新创业教育的学术数据库，为教师提供学术研究的平台。同时，学校还可以组织学术交流活动，邀请国内外的专家学者为教师进行学术指导，提升其学术水平。

3.实践资源

为了提高教师的实践水平，学校需要提供丰富的实践资源支持。这包括与企业的深度合作、创业实践基地的建设、行业实训项目等。通过提供丰富的实践资源，教师能够更好地融入创新创业教育的实际场景，为学生提供更具实践性的教学体验。

创新创业教育师资培养的关键环节是一个系统工程，需要学校在规划、设计和实施中全面考虑。同时，不断进行定期评估和资源支持，确保师资队伍的发展方向与实际需求保持一致。只有通过多方面的支持和努力，学校才能培养出更多优秀的创新创业教育师资，为培养创新创业人才提供更有力的支持。

三、不同类型高校师资队伍培养的差异与调整

高校师资队伍培养是高等教育体系中至关重要的一环，不同类型的高校由于其办学定位、目标群体以及教育理念的不同，其师资队伍培养存在差异。

本文将对综合大学、工科院校和艺术类院校的师资队伍培养进行比较，分析其差异，并提出相应的调整策略，以期更好地满足各类型高校的发展需求。

（一）综合大学的师资队伍培养

1.综合性培养

综合大学通常设有广泛的学科门类，要求师资队伍具备较为广泛的知识面和跨学科研究的能力。因此，综合大学的师资培养需要注重全面性的学科知识和研究方法的培养。培养计划应该涵盖人文科学、社会科学、自然科学等多个领域，以满足综合大学的教学和科研需求。

2.实践经验与教学技能

综合大学注重培养学生的实际应用能力，因此师资队伍需要具备丰富的实践经验。培养计划应强调教师的实际工作经验、产业经验等方面的培养，以提升其实践教学水平。此外，教育理论和教学方法的培训也是关键，以确保教师能够适应综合大学的多样化教学环境。

3.团队合作与创新

综合大学通常拥有庞大的师资队伍，鼓励跨学科的团队合作和创新研究。因此，培养计划应重点培养师资的团队协作能力和创新意识。为教师提供跨学科的培训机会，促使其跨领域合作，提高团队整体的创新能力。

（二）工科院校的师资队伍培养

1.专业深化与技术能力

工科院校注重培养学生的专业技能和实际操作能力，因此师资队伍培养需要更加强调对教师专业深化和技术能力的培养。培训计划应该注重教师在相关领域的专业知识和技术水平，以提高其在工科教学中的实际操作能力。

2.产业合作与实践项目

工科院校通常与产业界有着密切的联系，师资队伍需要更多地了解产业需求和趋势。培养计划应鼓励教师参与产业合作项目、实践项目，增强其对实际工程问题的理解和解决能力。此外，鼓励教师进行工业界实习和交流也是培养的重要环节。

3. 创新研究与工程项目

工科院校注重创新与应用研究，师资队伍培养需要强调创新研究和工程项目的培训。教师应具备较强的科研能力，能够指导学生进行工程实践和应用研究。培训计划可以包括科研项目管理、创新团队协作等方面的内容，提高教师在工科院校的创新能力。

（三）艺术类院校的师资队伍培养

1. 艺术创作与表演技能

艺术类院校的师资队伍培养需更加注重艺术创作和表演技能的培养。培训计划应包括教师在相关艺术领域的创作和表演技能的提升等方面的内容，以提高其在艺术教育中的教学水平。

2. 跨界融合与文化素养

艺术类院校鼓励不同艺术门类的跨界融合，因此师资队伍培养需强调教师的跨领域能力和文化素养。培训计划应能促使教师进行跨艺术领域合作，提高其在不同艺术门类中的指导水平。

3. 创意教学与艺术理论

在艺术类院校，创意教学和艺术理论的培训是师资队伍培养的关键环节。教师需要深入了解艺术理论，能够结合实际教学进行创意性的教学设计。培训计划可以包括创意教学方法、艺术理论研究等方面的内容，以提升教师在艺术类院校的创意教学能力。

（四）不同类型高校师资队伍培养的调整策略

1. 跨学科交叉培养

针对综合大学的特点，可以通过跨学科交叉培养的方式，鼓励教师参与其他领域的培训和研究项目。这有助于提高教师的全面素养，使其更具备综合性和跨学科的研究能力。

2. 产业导向的实践项目

对于工科院校，可以加强其与产业界的合作，通过产业导向的实践项目，提高教师的实际操作能力。鼓励教师参与企业实践，将产业需求融入课程设计，以更好地满足工科院校的实际需求。

3. 艺术家与教育家的培养平衡

艺术类院校可以平衡培养教师的双重身份，即艺术家与教育家。在培训计划中，既强调艺术创作和表演技能的提升，又注重教师的教育理论和创意教学培训，使其更好地在艺术教育中发挥双重角色。

4. 团队合作与跨领域培训

针对不同类型高校的特点，可以推动教师团队合作和组织跨领域培训。通过组织跨学科的培训项目，促进教师之间的合作，增强不同学科领域的交流，提高团队整体的创新能力。

不同类型高校的师资队伍培养存在差异，但都需要根据学校的办学定位和发展目标，有针对性地进行调整。综合大学注重全面性的学科知识和跨学科研究能力的培养；工科院校强调专业深化和实践项目的培训；艺术类院校则注重艺术创作和表演技能的提升。在培养计划中，可以采取跨学科交叉培养、产业导向的实践项目、平衡艺术家与教育家的培养等策略，以更好地适应不同类型高校的需求，提高师资队伍的整体素质。通过合理调整师资队伍培养计划，不仅有助于提升教师的教学水平和实践能力，也有助于更好地服务不同类型高校的发展需求。

第六章 我国高校创新创业人才培养模式的构建

第一节 我国高校创新创业人才培养业务规格

一、多元的知识结构

（一）精通本专业领域的知识

我国高校培养的创新创业人才必须能够系统地掌握本专业领域丰富扎实的基础理论知识及动手实践知识，具有博大精深的专业知识与技能，同时应对本专业相关领域知识有相当程度的了解。深刻理解本专业业务流程，能够洞察其深层次问题并结合具体实际情况给出相应的解决方案。善于将本专业领域与其他相关知领域紧密联系起来，综合运用专业理论知识与实践知识解决创新创业实践中遇到的问题，排除障碍，不断实现产品创新、技术创新、理念创新和管理创新。

（二）具有良好的人文修养

未来社会的创新创业人才必须能够掌握基础的人文知识、法律知识、历史知识、哲学知识、艺术知识等多元合理的知识结构，了解中国传统文化和世界文化的精髓，具有良好的人文素质修养。由于教育的专门化，加强人文素养教育将在很大程度上改变各专业人才的单向倾向，使得学生既有科学素养，又富有人文精神；既有专业知识储备，又有健全人格。学生会从多个不同的角度看待问题，有利于发现创新点，使创新创业的过程中取得创造性的成果。

（三）具备多语种沟通能力

高素质的创新创业人才必须熟练掌握两门以上的外语，必须具有扎实的外语基础，掌握良好且行之有效的语言学习方法，精通外语语音、词汇、语义等方面的知识，具备较强的听说能力和读写能力，能够熟练运用外语进行顺畅的沟通和交流，具有和他人沟通协调及进行国际交往的能力。只有具备了多语种沟通的能力，才能拥有在全球化的经济浪潮中顺利解决创新创业过程中遇到的困难与障碍的前提条件。

二、突出的实践能力

在能够熟练掌握扎实的专业理论知识和实践知识的前提下，创新创业型人才必须具备理论联系实际的能力，将理论知识及实践知识灵活应用到具体工作中去，只有在运用知识和理论的过程中，才能体现创新能力。在知识应用的过程中学以致用，具有独立思考发现实践问题并创造性地运用有效方式方法或途径，全方位地综合分析问题，具有排除创新创业过程中遇到的困难或障碍，并最终解决问题的能力。

三、较强的创新意识

（一）新颖的创新思维

对培养的创新创业人才的要求在创新方面体现为，针对某项特定的问题，创新创业人才必须能够打破常规思维的界限，具有独到的见解，提出与他人不同的创造性意见或解决方案，从而产生新颖独到的思维成果。

（二）敏锐的创业意识

创业意识是创新创业人才从事创新创业活动的强大主观内驱力，是创业活动中起动力作用的个性因素。创业意识包括宏观且敏锐的商机意识、将商机转化为现实生产力的意识、创业的战略意识、规避风险的意识和敬业意识等。创业意识的要素包括不满于现状的创业需要、追求成功的创业动机、浓厚的创业兴趣和一定时间内稳定的创业理想等。

（三）熟练的创新技能

创新创业人才必须是具有一定创新性的技能型人才，必须具有综合运用理论知识，在科学技术、管理等各种实践活动领域中不断提供具有经济价值和社会价值的新思想、新理论、新方法和新发明的创新技能。创新创业人才必须具有强烈的创新欲望和较强的创新能力、博专结合的专业理论知识和精湛的专业技能。

（四）灵敏的商业经营意识

高校培养的创新创业人才必须具有足够的市场敏锐度及强烈的创新创业意识，具备宏观地审视经济环境的能力，能够洞察未来一段时间内市场形势的走向，将好的创新意识在适当的创业时间中孵化出商机，来保证企业的持续发展并驱动经济社会发展。创新创业人才必须掌握审时度势、灵活机动的商业经营谋略，掌握商业营销的基本理论与原则，能够从宏观的角度权衡各种商业经营模式的利弊，具有诚实守信的商业经营作风。

四、较快的适应社会能力

（一）社会责任感

社会责任感是每个公民都必须具备的基本道德品质。对于能够在经济全球化浪潮中生存并发展的高校创新创业人才来说，具有服务于国家和人民的至高无上的社会责任感显得尤为重要。社会责任感包括：自我责任感、家庭责任感、他人责任感和集体责任感。作为未来社会中坚力量的高校创新创业人才，更应具备强烈的社会责任感，对待工作始终保持专业的态度，具有保护环境、保护国家财产安全的意识，在大是大非面前不被金钱或利益所迷惑，始终将对国家和社会的责任感铭记于心。

（二）团队协作精神

在创新创业的过程中，不可能由一个人来完成所有的工作，而是需要团队齐心协力共同合作。未来经济社会对高校创新创业人才的团队协作精神提出了更高的要求，培养高校创新创业人才的团队精神是适应社会经济发展需要的体现。尊重团队中每个人的兴趣和成就是团队协作精神的基础，所有成员齐心协力是团队协作精神的核心，全体成员的向心力与凝聚力是团队协作精神的最高境界，团队协作精神反映的是个体利益和整体利益的统一。团队中每个人都应该意识到协作精神的重要性，并且具备协调团队内部各个成员关系的沟通协调能力。只有团队的每个成员都具备团队协作精神，才能保证组织的高效率运转。

（三）终身学习的能力

随着我国高等教育大众化中后期进程的不断推进，高校创新创业人才的学习时限也必然从单纯的学校教育扩展为终身学习。高校创新创业人才应具有随时随地主动学习的意识，并且具有利用书籍、网络等工具学习知识的能力，善于与他人交流学习经验。只有具备终身学习的能力，才能跟上日新月异的知识更新步伐，适应未来经济社会的需要。终身学习能力是构建学习化社会的基石，有助于提高社会成员的整体素质，为促进学习型社会的形成提供强有力的人才支持。政府应支持并指导终身学习公共服务平台的搭建，为创新创业人才提供资源整合的学习支持服务系统。

（四）适应环境的能力

面对变化莫测的经济环境和激烈的市场竞争，以及随时出现的需要正确迅速解决的问题和困难，高校创新创业人才需要有比普通人更强的适应环境的能力，要有更强的心理调控能力，能够保持积极而沉稳的心态。创新创业之路充满艰辛与曲折，只有具有适应环境的能力，在创新创业的道路上才会更容易成功。否则，一遇到挫折就垂头丧气、一蹶不振，在创新创业道路上只能半途而废。

第二节　我国高校创新创业人才培养模式

一、我国高校创新创业人才培养目标体系

确定高校创新创业人才培养的模式，应根据高校的不同类型，学生的不同特点和需求，创业实践和创业环境的不同特点，设定系统化的创新创业人才培养目标，并将人才培养模式依据目标和方向不同，分为横向目标体系、纵向目标体系和多重目标体系，对目标进行进一步的考量，最终建构起适应高校创新创业人才培养的目标体系。

横向目标体系，是指依据特定的指向作为大学创新创业人才培养的目标。一般情况下，可以将其分为创业能力目标、知识目标、人格目标等。创业能力目标体现在创业涉及的活动效率上，员工的能力往往决定了企业的活动效率，能力是创业是否成功的主要保证。任何成功的创业都是和其专业的经济管理专业知识密切相关的。知识是创业的基础，是人才能力培养的基本保证。而员工是否具有适合企业发展的人格，对企业而言十分关键，因此，对企业员工人格目标的掌握，可以有效调节企业员工的工作动机。

纵向目标体系，是指以培养高校创业人才的实践能力作为维度主要发展目标。一般情况下，可以将其划分为理解创业行为，掌握创业能力，实施创业能力。要使学生理解创业行为，那么对学生进行理解培养是十分必要的，如果学生无法理解创业，无论其是否具有创业能力，也无法实现创业。应使学生掌握创业能力，明了创业的内在规律、涉及的法律问题、风险论证等，这样学生在未来才能更好地理性规划其职业生涯，也只有这样，才能使学生在特定的环境下具有实施创业的能力。

多重目标体系。高校创新创业人才培养并不是一个完全独立的教学项目，由于各高校体制与专业设置的不同，因此，应从高校自身发展需求出发，结合本校学生特点，发挥专业设置优势，构建多重创业教育目标体系，在满足学生发展需求的同时，发挥新时期高校创新创业教育的普惠性，搭建学生能力快速转换的桥梁，培养学生的各项创业能力。

二、深化高校教育体系改革

（一）重视师资队伍建设

要培养学生的创新创业意识和能力，首先要求教师能够分类施教，能够以教授创新创业知识为基础；以锻炼创新创业能力为关键；以培养创新创业精神为核心，通过开设创新创业技术选修课、模拟实践过程的活动课、展示创业业绩的环境课，创设体验式教学情境等，使学生能够掌握创新创业的基本流程和方法，了解相关法律法规政策，激发学生创新创业的热情，提高学生的社会责任感。如果没有一支既有创新创业理论知识又有创新创业实践能力的教师科研队伍，那么学生就不能正确而全面地接收到创新创业知识与理论的系统教育，在以后创新创业实践过程中肯定会失败。因此，培养一支科研型、实践型创新创业教育师资队伍迫在眉睫。

对师资的重视也表现在加大师资队伍建设的投资方面，既可聘请企业家、企业中高层管理人员来校做兼职教师，也可以聘请创业典型人物、成功校友来校讲座，形成相对稳定的、专兼结合的师资队伍，才能使创新创业教育更贴近社会和大学生实际。为此，创新创业教育的师资建设应建立广泛的渠道、采取灵活的方式、全方位地开展，使师资队伍在企业一线、在活动实践中增强经验。还可以借鉴别国的做法，聘请教师，让师资力量的约60%的教师是具有高等教育背景的小企业家，因为他们不仅具有扎实的理论基础，更重要的是他们有丰富的创业实践经验，聘请这些企业家作为兼职教师指导学生进行创新创业实践就不再是纸上谈兵，因为他们的实际操作性更强，指导学生创业成功的概率也就更高。

1.创新创业教育师资队伍的来源

一要从培养、培训入手。首先，要加强教师的理论知识培训，邀请校外名师、专家以及企业管理人员对教师进行理论素养的培训；其次，要利用各种平台和组织、参加各类创新创业研讨会的机会组织教师学习，加强交流，获得最新的创新创业知识和内容，再次，积极创造条件组织教师到企业挂职锻炼，获得创新创业与管理的真正体验，增强教师的实践能力，丰富其教学内容、提高其教学效果和说服力；有条件的高校可以拨付经费组织教师真正

"走出去"，到欧美发达国家和高校学习先进的经验。最后，随着创新创业教育的发展，逐步建立起创新创业学科，设立硕士博士点，自我培养孵化创新创业教育教师。

二要从招聘引进入手。首先，教师招聘要严把入口关，改善师资结构，此举可以有效降低成本；其次，高校应当从企业吸收既有一定学术背景，又有丰富的实践经验的企业家到校任客座教授或兼职教学，改善校内队伍结构，带动校内教师水平和能力的提升；再次，除了成功的企业家，师资队伍还可以邀请政府人员、风险投资家、法律人士以及孵化管理者来校做兼职教师，让学生获得有针对性的指导。这些做法是动态的，开放的，应该在高校创新创业管理机构组织协调下统一开展并形成长效机制。

2. 创新创业教育师资队伍的组成

师资队伍组织构成上既要有专职队伍又要有兼职队伍。专职队伍重点负责基础教学和实践管理工作，对创新创业教育活动进行统一规划和组织管理；兼职队伍重点负责解决实践教学的难题，同时帮助学生联系实践学习的基地。

3. 创新创业教育师资队伍的水平

高校的创新创业师资队伍应当具有层次化和多元化的特点。除了专兼职教师之外，要加大"双师型"教师的培养力度，强调教师的综合素质，既要重视理论水平也要重视实践教学，避免出现两极分化过度的现象出现。多元化一方面体现在教师来源和擅长领域的多元化上，另一方面体现在要正确看待教师自身水平的多元化上，要形成教师梯队，以老带新，鼓励新人，培养新人，为其提供快速成长的环境。

（二）营造良好文化氛围

文化的影响是深远的，榜样的力量是无穷的。利用一切宣传手段，使各个环节，如课堂上、课堂外、校园里、家庭里都充满创新创业教育思想的火花，使其深入人心，在学术上、实践中都能融入创新创业精神，达到全面的教育目标。此外，还可以树立勇于创新创业的榜样，通过大赛奖励支持有志于创新创业并取得成功的学生，使学生形成崇尚的目标，并保护突破性的创造行为，这样敢于创新创业的氛围才能逐渐形成。

同时还要鼓励多方的合作交流，促进共同探讨，发挥各自的优势，积极营造创新创业文化氛围，只有这样才能使学生具备社会竞争和生存能力，才能为毕业后寻岗就业和创新创业奠定良好基础。

三、搭建实践教学平台

教育必须服务于社会，这是我们力行的学以致用的终极目标。实践教学是实践能力培养的重要环节。大学生要想造福于社会，必先走上社会。构建创新创业实践教学体系，搭建多样化的实践教学平台，让每一个学生都有实际动手的机会，学以致用，使其具备独立思考和判断的能力。另外借助校外第二课堂，加强校企合作，拓展校外实训基地，还可以使学生有机会利用假期参加社会实践。可通过接触真实的企业环境，使学生体会到其中的乐趣与艰辛，锻炼了学生的应用能力、社会实践能力、创新能力，也增强了他们对创新创业的信心和决心。

所以，创新创业教育实践教学环节不能仅停留在课堂上，或仅停留在举办几场讲座、培训上，要加强实践教学环节，推进实施体验式教学，强化校企合作，切实加强创业实践基地建设和成果孵化基地建设，创办大学生创新创业实践基地，让学生边学习、边实践、边创业，通过校企联合的模式，广泛搭建学生实习、实训、创业和就业的综合服务平台，让学生走进社会，全面达到应用型创新创业人才培养目标的要求，这才是提高创新创业教育实效的必由之路。

创新创业教育实践的形式可以是多样化的。第一，高校可以加强与校外企业的联系，在专业对口企业建立大学生创新创业实践基地，走校企联合道路。利用寒暑假组织学生在企业从事 1—2 个月的实践活动，使学生真正感到受企业文化，参与企业管理和实践，得到真正的锻炼，同时也能为企业带来新鲜的活力，实现一举两得的功效。比较成功的做法是"暑期实习生"的模式，组织大三学生进入企业开展实践活动，培养他们的创新创业精神和能力。第二，学校可以利用自身的优势，创建企业实体，当前已有众多高校拥有自己的校办企业，在实体中可以为学生提供创业实战的场所和氛围。第三，有条件的高校，可以充分发挥大学生科技园的作用，发挥好科技园的孵化功能，将老师或者学生创新创业项目的想法，在科技园进行孵化，并派驻老师进行指导，切实让学生在项目中得到成长。第四，加强专业课的实践教学。

课程学习过程中可以组织学生进入实验室，参加创新项目，参与各类创新比赛，增强学生的创新意识和动手能力。第五，高校可结合本校特点，设立勤工助学岗位，遵循"双向收益、互惠互利"的原则，让学生参与经营，锻炼创业能力；还可以提供机会，让学生亲自参与公共活动的组织与策划、法律或者金融实践的模拟等活动。第六，重视并积极组织举办大学生创业计划大赛。国外众多名企的创立都始于大学生创业计划大赛，例如，印度管理学院就经常组织国际性的创业计划书大赛，这是一种行之有效的教育方法，在计划书撰写过程中，能充分锻炼学生的思维能力，并能锻炼学生的团队意识、竞争意识、大局观和综合运用各种手段查阅资料、获取各类信息的能力；在创业大赛的过程中，还能形成校企信息网络连接，建立校企合作网络，让学生近距离接触企业家，让创业不再神秘。第七，当创新创业实践教育体系不断完善之后，可以探讨学制的变化，在学制之内为每位学生都设计企业实训计划。现在美国已有高校将大学生的学制延长为五年。

四、我国高校创新创业人才培养课程设置

实施创新创业人才培养，课程设置是关键，因为它直接关系到能培养出什么样的人才，关系到怎样能建立学生合理的知识结构。在我国，由于创新创业人才培养还处于试点阶段，创新创业人才培养课程体系还处于探索期，仅有的少数已开发出来的课程教材的成熟度偏低。部分院校多以选修课的形式开设了"创业管理""商业计划书""企业家精神"及"科技创业"等少数课程，这使得高校创新创业人才培养课程的设置显得支离零碎。在这有限的课程中，不难发现，我国创新创业人才培养课程体系偏重理论性，其作用重在培养学生的创业意识，实用性低，对学生创业实践技能和能力的提升并没有多大价值。这主要是因为我国创新创业人才培养实践活动尚处于起步阶段，创新创业人才培养课程的研究开发力量比较薄弱。

创新创业人才培养是专业教育的重要组成部分，那它对所有专业必然具有一定的普适性，同时，由于高校人才培养目标定位不同、学科及专业特点不同，这决定了创新创业人才培养必须具有适合专业特点的特殊性，因此形成了创新创业课程开设的难点。我们设想，将那些对所有专业都具有普适性的课程列为创新创业人才培养课程的基础平台，再在这个平台上，根据各专

业特点，开设结合各学科专业特点的创新创业课程，前者具有普适性，可以共同开发，后者具有特殊性，可由专业人员开发。

（一）创新创业人才培养课程设置原则

大学的创新创业人才培养应以第一课堂课程教学为载体，融合专业教育，着力培养学生的科学精神与人文素质，以及未来创新创业所需的心理品质、知识和能力等。创新创业人才培养的课程设置要从其培养目标出发，遵循的原则有：首先，突出专业特色，创新创业人才培养课程的设置要与专业课程体系有机融合；其次，理论联系实际，创新创业实践活动要与专业实践教学有效衔接；最后，专业教育与创新创业人才培养相结合，在专业教育实际教学中渗透创新创业思想。

1. 与传统教育体系相结合

传统教育体系主要分为普通教育和职业教育两类，普通教育往往致力于培养德、智、体、美、劳全面发展，而且生理、心理、社会文化素质整体都有所提高的合格的社会公民；而职业教育在前者的基础上，更注重培养职业技能、素质，主要目标是为社会、经济发展提供专门人才。随着创新创业教育逐年的发展，使得这两类教育体系逐渐趋向于独立、完整。而且，在办学、教学方式等方面也具有一定特色，在整个教育、社会系统中获得了比较稳固、独立的地位。传统教育体系中包含某些不自觉的、处于零散、间断、偶然状态的创新创业教育的因素。同时，虽然具有某些相关实践措施，但仍然处于缺乏明确指向、固定目标的状态。

创新创业教育是一种新的教育理念，它是在传统教育体系的基础上，培养创业素质和本领，为社会发展提供具有创新意识、开拓精神和创业能力的社会财富、就业岗位的创造者，它们与传统教育体系之间相互渗透又相对独立。

这种情况下，在对创新创业教育体系框架进行设计时，必须首先或单独进行，结合普通教育、职业教育领域，并且充分利用普通教育所提供的一般知识结构、智力、能力，以此来作为创新创业教育的培养基础——培养创业社会知识结构、创业能力、技能的基础；普通教育所提供的健康个性、道德规范可以作为一种生长基因——培养开创个性、社会责任感、义务感和开拓精神的生长基因；除此之外，还可以利用职业教育所提供的职业知识、职业规范、职业技能作为创新创业教育的一种基本条件和发展背景。此外，创新创业教育的目标、内容有自己独特的层级体系——逐步递进、逐级上升，以适应不同年龄段、教育阶段学生的要求。创新创业人才培养课程的设置可以利用学校现有途径、方式，并结合普通教育和职业教育的内容与方式，逐步实施。

2. 创新性与实践性相结合

创新是民族进步的灵魂，也是国家兴旺发达的不竭动力。国家要走向富强，那么拥有大批具有开拓创新精神的高素质人才是必不可少的条件。在这样的大环境下，高校提倡开拓与创新，强调创新办学的理念，实施创新教育，注重知识创新，培养创新人才，并对学校管理、功能、教学、科研等方面进行创新。创新创业教育是一种大众教育，它的创新性重点主要体现在教育模式、教师教学方式以及学生学习方式的创新这三种创新上，要求培养出具备开拓性、独创性、发散性思维和批判性思维的学生，这就要求高校必须根据其培养目标来选择、组合和构建教育体系的元素、结构和系统。

此外，除注重创新性外，也要注重实践性。创新创业教育体系与传统教育体系有很大区别，相较之下，它是一种更着重培养学生的创新意识、创业能力、个人素质、创新思维等的教育实践活动。同时，它也是素质教育的深入与发展，这是一项十分艰苦的创造性活动，要取得成功，创新创业主体就必须具备很强的实践能力。教学中的实践性主要是通过教学活动与现实生活之间的密切联系来实现的，注重培养学生的动手、交际、分析、心理承受等综合能力。

3. 一致性与差异性相结合

高等教育的基本任务就是培养具有创新精神和实践能力的高级专门人才。高校实施创新创业教育有一个基础——创新教育，并且以创业教育为载体，将两者结合起来作为整体来推进，更重要的是，要针对全体的学生进行设计、实施，全面提升全校学生的创造意识、创造精神、创造思维、创造知识以及创造能力。因此，创新创业教育并不是一项临时性任务或活动，而是一种人才培养手段，是与高校专业培养目标一致的手段。

不同侧重点高校，在创新创业教育课程体系设计上也有所不同。一方面，不同的高校所处地域不同，因而所具备的社会环境也会有所不同。当然，高校的创新创业资源条件也会有很大的差别，这就使得高校在对学生进行创新创业指导时，在培养和实践方面所采取的方式、目标内容的设定等都不尽相同；另一方面，不同类型的高校，在人才培养规格的定位上有所不同，同时，根据不同专业、个体的不同需求与定位也会对此分别实施不同类型的创新创业教育，主要是结合专业性、普及性，设定不同的创新创业教育目标，选择合适的创新创业项目内容，定位合理的创新创业层次，不可以不加选择地效仿。

4. 主体性与互动性相结合

作为培育人才的系统，创新创业教育课程体系设计的第三个原则是要将主体性和互动性相结合。创新创业教育的参与主体主要是教师和学生，而高校汇集了高水平专家学者、教授以及研究生，使得其拥有大量可以身兼教学与科研的复合型人才。努力让学生成为能够适应社会发展的有用人才是学校培养学生的目的，因而，教育体系必须要尊重并注重不断完善学生的人格，包括稳定的心理素质和高尚的道德品质，鼓励他们发扬自己的个性，贯彻以人为本的教学理念。

此外，通过建立各种互动性的内容、活动方式来加强教师与学生之间的沟通、理解以及促进学生之间的协作与交流。利用多方位的人际互动的环境和相对平等的学习关系来启发、引导学生的创新创业思维。创新创业教育常被理解为"培养企业家"的教育、"解决就业问题"的教育。这两种观念会导致创新创业教育成为面向个别学生的树典型式的教育以及造成在创新创业教育上的急功近利行为，偏离了高校实施创新创业教育的初衷。

（二）创新创业人才培养课程设置

目前，高校学生的知识结构和专业技能主要是通过专业教育获得的，学生的知识结构和专业技能基本决定了其就业和创业方向，尤其是创业初期的发展方向。因此，创新创业人才培养想要落到实处，就必须融入专业教育中，使专业理论知识的学习、运用与创新创业活动相结合，创建特色鲜明的课程体系，构建专业学习和实践应用相结合的桥梁，有的放矢地培养具备创新意识、创业精神和创业能力的专业人才。

当前高校创新创业人才培养应以培养创新创业意识，提高创新创业能力，增加创新创业人才培养实践为主线，其课程由创新创业人才培养课程基础平台、创新创业人才培养课程能力平台、创新创业人才培养课程实践平台三大平台组成，创新创业人才培养课程能力平台和创新创业人才培养课程实践平台可根据专业课程情况逐步实现与专业教育课程的融合。各个学校应在创新创业人才培养课程基础平台之上，根据学校特色，结合专业学科特点，适当加入符合专业特点的创新创业能力类课程和创新创业实践类课程，开发适合本校学生的创新创业人才培养课程，实现专业教育与创新创业人才培养的融合。创新创业能力类课程和创新创业实践类课程是专业教育的深化和延伸，高校的创新创业人才培养强调以专业教育为基础，发挥专业优势，尤其是专业前沿的优势，满足创新创业的需要，使学生在专业教育的基础上，根据其兴趣、需要和能力，提高创新创业能力。

1. 创新创业人才培养课程基础平台

创新创业人才培养基础平台课程旨在培养所有学生的创新意识和创业精神，使学生在短时间内集中、系统地学习创新创业知识，对与创新创业相关的学术理论知识有更深的领悟，树立正确的就业观，为以后从事创新创业实践和研究工作打下扎实而坚固的基础。这一课程平台是全校性的、跨专业的课程，可以以公共必修课、公共选修课或者素质拓展课的形式开展。创新创业人才培养课程基础平台包括创新创业意识类课程和创新创业知识类课程。创新创业意识类课程重在培养学生的创新意识和创新精神，促进学生创业心理品质的形成。创新创业知识类课程重在丰富学生的创新创业知识，使学生对创新创业活动有初步的认知。

2. 创新创业人才培养课程能力平台

创新创业能力类课程是一类和专业教育紧密融合的课程，它将创新创业知识渗透到各专业的课程教学中，通过在专业课程教学内容中适当地增加创新创业元素，优化课程结构和内容，培养学生基于专业知识的创新创业能力。这类课程在现有专业开设可能有很大难度，甚至是一种挑战，但是没有与专业相融合的创新创业人才培养课程，创新创业人才培养就很难深入进行，甚至只是纸上谈兵。尽管当前高校的各学科专业教育中还缺乏这一类的教育资源（教师、教材等），但是融合的意识要有，融合的行为要逐渐进行，作为一种理想化的设想，我们希望在专业课程体系中增加专业市场调研、基于专业特点的创新创业能力训练、专业典型创新创业案例分析、专业领域前沿问题的创新性研讨等课程。具体途径设想如下：

其一，增加专业领域的职业发展研究与教育内容。大学的专业教育一般都有相对应的职业领域，但学生了解不多，对就业前景迷茫，创业更无目标。增加该方面知识，可增加学生对未来职业的设想空间、明确创业目标，增加课程学习的目的性以及对未来的知识储备和心理准备。其二，增加专业领域的科研与技术开发分量，目前在本科阶段，学生很少参与教师的科研，应该改变这一习性，让学生在适当时机投入科研或者开发，尽管大多数学生的水平对教师的科研起不到多大的帮助，但学生通过参与科研活动，体验科研过程，增加工程体验，对提高自身的工程意识、工程实践能力都有很大帮助，为今后的技术创新、技术创业打下良好的基础。特别是技术开发、小制作，这是点燃学生创造意识的火花，提高创新能力的工具，只要适当组织、引导，一定会有好效果。其三，提高专业领域的创新创业案例教学水平，案例教学在发达国家的大学教学计划中占有重要比重，哈佛大学的经济类专业面向世界收集案例，以增加学生的相关知识和开阔学生的视野。案例教学最直接的作用是把学生带进了社会职业拼搏的现实中，通过剖析他人的成功和失败，改善自己的认识和经验，并产生一种对自己职业的现实感，是通过课程增加创新创业经验的好机会，而对这些经验、教训的理解和认识，可以从理性上提升学生创新创业意识和能力。上述课程可以穿插于专业课程中，也可以独立开设，关键是如何把这些零散于社会、行业甚至是生活中的素材转变为适合学生学习的素材，这是当前创新创业人才培养课程建设的一个难题，需要学校、专业教师以及课程设计者的共同努力。

3.创新创业人才培养课程实践平台

创新创业实践操作类课程是指在专业实践环节融入创新创业活动的实践课程。创新创业实践活动与专业实践教学的有效衔接为创新创业人才的深入培养提供了路径。它强调以学生的专业知识、社会需要和问题为核心，以有效地培养和发展学生综合实践能力为目的，强调超越教材、课堂和学校的局限，在活动空间上向自然环境、学生的生活领域和社会活动领域延伸，加强学生与自然、社会、生活的联系。

首先，改革教学方法，建立以课题和问题为核心的实践教学模式。为了提高学生的动手能力和创新能力，学校要改变传统的课堂讲授教学方式，选用案例式、模拟式、互动式和实训式的教学方法，变"教学"为"导学"，进行探究式教学、沟通合作式教学，将科学研究思维训练和科学研究方法训练融入实验教学中，引导学生主动学习，激发学生的主动性和创造性。教师要面向企业和社会积极承担行业课题，激发学生参加科研项目和技术开发工作的积极性。其次，学校应积极组织开展学科专业竞赛，并有意识地将其与创新创业人才培养相结合，突出竞赛活动的创新性、创造性和工程实用性。再次，结合专业特色建设大学生实训模拟基地，积极开展各种创新创业实践活动。利用学校原有的教学实习基地，依托大学科技园，充分发挥大学科技园孵化器功能及其支撑和服务体系，设立产学研合作专项资金，专门支持高校、企业和科研院所共建创新研发中心、开展技术合作。最后，高校应结合本校的专业教育资源尽可能地开设模拟创新创业项目，鼓励学生积极参与，提高学生的实践能力、科研创新能力，为学生提供具体的创业策划方案，指导学生开展创业实践，体验创业过程，提升学生的创新创业能力。

4.创新创业人才培养课程时间安排

创新创业人才培养应贯穿于大学生的整个教学计划中，融入人才培养的全过程。创新创业人才培养基础平台课程应该在大学一、二年级开设，意识是行动的先导，对刚入学的大学生来说，他们的创新意识、创业精神比较淡薄，对未来的职业发展没有清晰的规划，这一阶段，要加强对学生的创新意识和创业精神的培养，使他们建立职业生涯规划意识，树立职业理想，有针对性地规划大学期间的学习、生活和工作。

创新创业能力课程和创新创业实践课程应在大三、大四开展。首先，学生经过专业知识的学习，才能明确创业方向，才能有的放矢地进行创新创业实践活动。其次，厚实的综合人文素质是提高创新精神和创业能力的前提，大三、大四的学生在经过大一、大二的基础课程学习以后，具备了一定的社会、人文和自然科学知识，加强了人文修养和科学精神的训练，在知识储备上有了一定的准备；再次，学生经过两年的大学生活，生理和心理大大成熟，对自己的职业选择、人生规划有了更加清晰的把握，对探讨、分析较为复杂的创业问题会更有深度。

五、建立高校创新创业教育评价反馈机制

有人说过，没有最终的评价，就没有最初的激情，中途的毅力很有可能不堪一击。由于创新创业教育具有成本高、实践性强、成效滞后等特点，所以其评价反馈机制要力求科学多元，既要提高高校的积极性，给出合理准确的判断，又要避免过于形式上的评价。

创新创业教育工程巨大，涉及方方面面，所以评价的内容、方法和标准应当多元化。威斯帕（Karl Vesper）教授在多年的研究基础上提出了对创新创业教育进行评价的七个要素：提供的课程、教师发表的论文和著作、对社会的影响力、毕业校友的成就、创业教育项目自身的创新、校友创建新企业的情况、外部学术联系（包括举办的创业领域的会议和出版的学术期刊）。

第一，国家应当根据高校的类型制定科学合理的评价机制。不同的高校比如重点与非重点、职业与非职业、综合性与专科性应当有所不同。其次，评价机制中的专家学者要兼具资深的理论与丰富的实践，时机成熟，可以建立评价资格认可制度。再次，有了评价就要设置相应的激励处罚措施，在资金、政策和教师晋升上给予优惠条款，这样能充分提高高校创新创业教育的动力。

第二，高校也要根据自身特点建立评价机制。评价要力求过程与结果相结合，定量与定性相结合，静态与动态相结合。评价的内容不仅要关注外显的知识掌握，也要强调学生内在的品德、情感和意志的评价。评价的结果要及时反馈，以便引入竞争意识，促使各方有针对性地提高创新创业教育的水平。

六、构建全社会支撑体系

（一）引导积极正确的创新创业舆论

思想是行动的先导。守旧意识、"重农抑商"和"学而优则仕"等传统思想，严重影响了大学生对创新创业教育的认识，长期处于这种教育环境下的大学生，会表现出信心不足，主动性、独立性和进取精神差，缺乏强烈的创新意识和创业欲望。首先应该转变陈旧的教育观念，营造积极正确的创新创业舆论氛围，使全社会应当对创新创业教育予以必要的尊重和支持。

（二）创造良好的创新创业环境

"蓬生麻中，不扶自直"，有什么样的环境氛围，就会培养出具有什么样质量的人才。创新创业教育的成功不仅取决于个人的努力，更需要营造浓厚良好的氛围。应由高校牵头，以国家为主导，省级主管部门要积极协调配合，为大学生自主创新创业提供新的支撑平台。教育部部长袁贵仁也指出，力争在政策、程序方面为大学生提供方便，积极开发利用各种资源，用以扶持大学生创业。只有通过将切实有效的政策支持和良好的创业环境相结合，才能使大学生创新创业教育活动有效展开并取得成功。建立相应的工作机构和服务体系，组织经验丰富的教师、企业家、政府有关部门共同开展解读、咨询、协调和各种相关服务，为有创新创业潜力的大学生建立起社会化的创新创业教育的良好大环境。

（三）动员全社会创建各种支援体系

创新创业教育支援体系内容丰富，结构庞大，不要只看到创新创业活动存在的风险性和艰巨性，还要认识到它的利益性和战略性，需要方方面面共同努力来构建，比如家庭、社会、媒体、政府、学校和企业支持等，还包括他们的建议、咨询和指导、人力、物力、资金支持等，这些表现都会影响到大学生创新创业的水平。而社会的普遍认可、政府的提倡、非政府组织的参与、企业的接纳、学校的积极行动都能带来一个良好的创新创业教育环境，为创新创业教育搭建一个很好的平台。因此创新创业教育不能只是学校的课堂教学和活动，而应把整个社会环境都包括进来。在美国，创新创业教育支援主体涉及"民、官、学"，并不是只以政府为主，需要全社会的支持。我们应利用人际网络发挥其重要作用，如与商业界朋友的联系，既可以获得资金的支持，还能为大学生实习提供场所；与有创办企业经验和有资金实力朋友的联系，会降低创业风险，增加新创企业的存活率。所以高校除了内部努力开展创新创业教育整合校内资源外，还应建立政府、高校和社会之间的有效沟通协作机制，大力开发社会扶持力量，加强与兄弟院校的交流合作，构建大学生创新创业人才培养体系，使更多的学生成为创新创业人才培养的受益者。

第七章 高校创新创业人才培养中的政府保障机制

第一节 政府在高校创新创业人才培养中的角色和作用

政府是国家权力的执行机关，是国家公共行政权力的象征、承载和实际行为主体，其目的和功能就是为人民提供公共产品和公共服务。由上述研究模型可知，政府、高校、社会是大学生创新创业发展体系中的三大影响因素，政府是其中的核心主导，起到决定性的作用，不仅能通过施行政策影响高校的教育训练和社会外部环境，而且能直接或间接提供公共产品和公共服务支持大学生创新创业，充分体现了引导型政府的职能作用。

一、政府在大学生创新创业发展中的角色

在服务型政府中，政府是促进大学生创新创业的政策制定者和执行者、公共产品和公共服务的提供者、公平公正市场秩序的守护者、大学生创新创业正当权益的保护者。其主要任务就是要优化创业环境、降低创业门槛，转变政府职能、提升服务效能，加大政策扶持、丰富创业服务，放开市场准入，全面退出竞争性领域。根据以上分析，可以看出政府的影响力贯穿大学生创新创业发展的整个过程，而且这个影响力具有决定性、战略性、实时性的特点。

二、政府在大学生创新创业发展中的作用机制

在中国，除广义的政府组织（立法、司法、行政）外，提供公共服务产品和服务的单位还有政协、社会团体以及授权管理社会公共事务的社会中介组织，是以政府为核心、非政府公共组织为重要组成部分、在私人组织和公民广泛参与和参加下的公共事务治理主体及其组成的网络结构。核心主体是

政府行政主管单位，作为共同体利益的代表者，对公共事务的治理承担最终责任。其他社会行为主体，包括公用企事业单位、公益事业单位、金融服务机构、社会中介组织，是政府授权管理社会公共事务或政府购买服务的社会组织。政府对大学生创新创业发展的作用机制主要通过行政机关、教育行政主管部门管理的高等教育机构、行政属性的群众团体、社会中介服务机构和政府主导创建的各类公共服务平台来实现。

行政机关。按照行政机关职能分工，与大学生创新创业密切相关的主要有教育、科技、人力资源和社会保障、税收等部门，涉及关于促进大学生创新创业政策的研究制定和监督实施。其中，教育部门主管基础教育体系建设，负责制定基础教育人才培养的各项政策；科技部门主管科学技术的研发和应用，负责制定科技创新的各项政策；人力资源和社会保障部门主管就业创业服务体系建设，负责制定就业创业的各项政策以及指导各类创业孵化平台的建设；税收部门负责各类税收优惠政策的落地。

教育行政主管部门管理的高等教育机构。我国实施大学生创新创业教育的机构主要是各高等学校、科研院所，除此之外还包括提供校外培训的各类创业辅导机构，如 KAB、SYB 等组织。其中创新人才培养是高等教育的宗旨和根本任务，高等学校是开展大学生创新创业基础教育和通识教育的核心阵地。

群众团体。群众团体是社会公共服务体系的重要组成部分，承担了大量的公共服务职能，对整体创新创业环境的构建和创新创业训练体系的建设有着举足轻重的作用。群众团体包括两类，一类是中国共产党领导下的各种群众性组织，如工会、共青团、妇联、科协等，另一类是为一定目的、宗旨或者因兴趣爱好相同自愿结合的群众组织，如学术团体、行业协会、商会、创业协会等。群众团体一方面可以跳出行政职能限制，充分整合各类资源为大学生创新创业提供针对性服务，另一方面还可以通过发挥其社会组织枢纽作用，影响带动更多社会组织参与支持大学生创新创业活动。这些组织中，共青团组织与大学生创新创业的关系尤为紧密。首先，共青团及其所属的学生会组织网络垂直到班级，实现了对全体在校学生的全覆盖，有着强大的组织动员能力和号召力。其次，共青团长期以来积极参与大学生创新创业培育工作，最早引进创新创业教育理念，牵头主办的"挑战杯"大学生课外学术科技作品竞赛已成功举办 25 年，被誉为全国高校大学生科技创新活动的"奥林匹克"，参与热情最高，经验也最丰富。最后，共青团作为党联系青年的桥梁纽带，其工作网络和服务范畴覆盖全体青年，这个特性也使其得以克服职能部门的功能限制和部门之间的技术壁垒，以灵活多样的方式统筹整合各方面的资源，搭建平台为大学生创新创业提供专项服务。

社会中介服务机构。是指能为大学生提供创新创业活动所需的信息服务、人才服务、技术服务、市场咨询服务、融资服务的各类中介服务机构。这一类社会中介组织是优化市场资源配置，创造公平公正竞争环境的有力法宝，是健全市场机制的重要保障。具体分类包括人才服务机构、创业孵化器、金融服务机构、会计或律师事务所、资信评估机构、信息咨询机构等。其中与政府联系比较紧密的是人才服务机构、创业孵化器和金融服务机构等政府主导设立的公共服务机构，大部分还是国有企事业单位，能为大学生创新创业提供人才、信息、技术、场地、投融资对接等服务。

各类公共服务平台。一是技术公共服务平台，以科学技术的生产应用为目标，集中力量研发产业发展所急需的关键、共性的原始技术和应用技术，探索产业发展的前瞻，并通过共用、共享研发用软硬件条件，降低大学生创新创业的技术成本和风险，同时为技术转移和各类专业技术人才培养提供可能。这一类主要为研究所、产业试制中心、检测中心等。二是创业公共服务平台，以培育孵化中小微企业为目标，通过整合各类社会资源，为初创企业提供孵化场地、创业辅导、咨询服务、风险投资、技术交易等各种创业服务的综合平台。这一类主要有创业孵化基地、孵化器等。

三、政府在大学生创新创业发展中的作用形式

制定政策。根据发展需要，政府制定和完善促进大学生创新创业的各项政策措施，针对大学生创新创业发展的各方面影响因素制定激励机制，并形成制度流传下来。这些激励制度包括引导性政策、扶持性政策、优惠性政策、补贴性政策。地方政府是细化政策的具体制定者和执行者，确保政策能够接地气，得以顺利实施，解决实际问题。但是由于行政职能部门功能划分的问题，大学生就业创业的政策比较分散，很难形成统一效力，如教育部门制定高等教育扶持政策，重点都放在教学、学科建设，对大学生创新创业能力培

养"想起来重要，说起来次要，做起来不要"。科技部门制定科技创新政策，重心都在企业应用创新或科研机构原始创新，极少涉及高校的大学生创新创业能力培养。人力资源和社会保障部门制定就业创业政策，关注的焦点是高校毕业生的就业和创业，对前期的基础培养也是极少涉及。这是需要破解的难题。

战略规划。整体规划布局大学生创新创业的各大公共服务体系，包括政策支持体系、课程教育体系、实践训练体系、转化孵化体系等。其中政策支持体系主体包括各级政府以及所属教育、科技、人力资源和社会保障等职能部门。课程教育体系主体在高等学校，由教育主管部门负责制定规划、监督实施。实践训练体系是以课外学习训练为主，由教育、科技、人社部门和相关教育机构和群众团体的各类项目组成。大学生创新创业支撑平台包括实践平台、竞赛平台、创业孵化平台、金融服务平台。这些平台的搭建需要政府各相关部门的合理规划、设计，并会同群众团体、社会中介组织共同打造。通过体系化建设，进一步优化市场资源配置，使各平台之间互融互通，建立一条大学生创新创业的加速通道。

资源调配。资源配置是政府影响大学生创新创业工作的最有效手段，包括直接、间接两种方式。其中，直接方式包括预算安排、专项资金、财政补助等，通过资金直接投入，一方面优化资源配置增强工作底气，另一方面吸引和调动社会资金进入，形成全社会支持大学生创新创业活动的生动局面。间接方式包括其他各类行政资源投入，以及各项行政收费或税收的减免等。

环境营造。大学生创新创业生态环境包括社会文化环境和市场环境。前一个环境需要政府运用强大的舆论宣传能力和潜移默化的文化影响力，在全社会逐步营造关心支持创新创业的良好氛围。后一个环境需要充分发挥市场"看不见的手"的调节作用，为大学生参与创新创业提供一个良好的社会环境。政府要更加注重创新创业战略的谋篇布局，更加注重创新创业政策的协调推进和环境营造，更加注重创新创业资源的统筹和全社会协调联动，逐步把工作重点从分配资源、行政审批转移到规划引导、统筹协调、优化服务上来。

第二节　促进高校创新创业人才培养中政府保障作用优化的建议

一、强化宏观调控，制定促进大学生创新创业的政策扶持体系

（一）制定出台促进大学生创新创业的政策意见

制定促进大学生创新创业的政策，包括引导性、扶持性、优惠性、补贴性政策，并以文件的形式，通过省政府的名义下发，把这项工作正式列入日程。

在引导性政策方面，制定专门针对大学生的政策实施意见，将创新创业列入高校改革发展目录，并将其作为高校教学质量评估的一项重要依据。研究制定促进大学生创新创业的法律法规，并将其纳入经济和社会发展总体规划，列入一般公共财政预算体系，形成强有力的政策和制度保障。

在扶持性政策方面，省财政安排创新创业专项资金，充分发挥资金杠杆作用，通过一般性预算安排、竞争性安排、资金补助等多种方式，重点支持各类服务大学生创新创业的平台和体系建设，并吸引调动社会资金注资大学生创新创业。开发多种资金补助方式，如面向中小微企业的创新券补助政策，建立大学生创新创业风险补偿机制（或者对孵化器的风险补偿机制）。要求高校开发一批高质量的科研创新成果，推动学科和重点实验室建设，并鼓励科研实验室、公共实验室向大学生开放。

在优惠性政策方面，制定大学生创新创业的系列优惠性政策，在费用减免、税收优惠、资源保障等方面给予大力支持。减免大学生创新创业项目在工商注册、登记托管等各方面的行政收费事项，简化工商和各项优惠政策申请流程，减少审批环节，开发多种申报途径，注重政策落地。

在补贴性政策方面，制定大学生创新创业的系列补贴性政策，包括场地租金补贴、小额贷款补贴、金融扶持政策。探索建立大学生创新型创业企业的认定机制，对这类企业给予一次性的资金奖励。

（二）降低大学生创新创业准入门槛和运营成本

降低市场准入门槛。优化大学生知识产权申请资助政策，对大学生创新创业项目申请专利予以减免手续费和缩短审批周期。重点建立一批与新业态相关联的实验室、实训中心、试制中心、检测中心等公共服务平台，并向大学生免费开放，降低大学生参与创新创业活动的风险和成本。根据大众创业、互联网创业、微创业的新常态，进一步精简和规范工商、质监、税务等商事登记审批流程，开辟绿色通道，降低登记注册门槛，放宽市场主体准入，为大学生创新创业提供针对性服务。

继续深化税费减免和优惠政策。建立简单易操作的大学生创新创业企业认定办法，对完成认定的大学生创新创业企业，继续免收登记类、证照类、管理类和工会费等行政事业性收费，最长不超过 3 年。探索减免行政事业单位的服务性收费，包括各类行政审批前置性、强制性评估、检测、论证等专业服务收费，收取标准最高不超过物价主管部门核定标准的 50%。各级公共就业人才服务机构为属地大学生创新创业企业提供人事关系及档案保管服务的应免除前 3 年服务收费。

（三）加大大学生创新创业财政扶持力度

落实各项补贴和资助政策。继续设立大学生科技创新培育专项资金，充分发挥资金导向作用，鼓励和支持大学生开展科技创新实践研究，提高高校学生科技创新学术氛围。深化实施省大学生创业引领计划，重点推进各项工作内容的落地实施，将各项扶持大学生创业财政补贴政策落到实处。通过资金补助的方式鼓励有条件的高校、创业教育机构、孵化器平台、群众团体等开发适合大学生的创新创业培训（实训）项目。对入驻各级政府主办的创新创业公共服务平台的大学生创新创业项目，给予一定面积的三年期场地租金减免。对租用经营性场地创业的，可凭大学生创新创业相关证明和经营场地租赁合同申请租金补贴，补助资金在各地级市财政中列支，最长不超过 3 年。对获得省级及以上创新创业大赛（包括其他省市省级比赛）最高奖项并在各地转化落地的大学生创新创业项目，每个项目可一次性给予 5 万元至 20 万元资助，所需资金从各地就业专项资金列支，具体补贴标准和申请办法由各地政府就业主管部门制定并实施。建立和完善大学生创新创业小额担保贷款贴息补助，鼓励和支持各类商业银行开发各类小微企业贷款产品。

二、强化战略规划，把促进大学生创新创业工作列入创新发展战略

（一）建立省级促进大学生创新创业工作议事协调机构

成立省级促进大学生创新创业工作议事协调机构，由省政府领导担任牵头人，成员由各行政主管部门、群团组织、科研机构和部分代表性高校主要负责同志组成，各地可参照省级做法成立地方议事协调机构。省市议事协调机构的主要任务是把促进大学生创新创业作为省市创新驱动发展战略的一项重要内容，写进政府工作报告和发展规划纲要，从战略高度谋划、设计各项促进大学生创新创业的政策措施，建立健全各项法规制度，并监督政策的有效执行。该议事协调机构的主要任务包括但不限于以下四项：

一是研究制定促进大学生创新创业的政策法规以及发展规划。

二是明确各相关单位、组织在促进大学生创新创业发展中的工作任务和职能定位，并明确目标考核要求。

三是作为协调结构，协调和监督各项重点工作的组织实施。

四是研究解决政府创新创业资源配置行政化、效率不高的问题，把各行政职能部门的资源整合起来，支持大学生创新创业。

（二）指导高校建立和健全大学生创新创业工作机制

将创新创业教育纳入高校教学改革目标，进一步明确高校考核要求，对不同类型的学校进行针对性指导。高校应成立校领导担任组长的创新创业领导小组，结合学校学科建设规划、师资队伍建设规划和平台建设规划，制定相关计划，出台相应的措施，对全校创新创业教育体系进行统筹规划，完善各项工作制度和操作规程。在高校设立"大学生创新创业基金"，用于资助学生开展创新创业实践和参与相关竞赛，奖励取得实质性成果和在相关竞赛中获奖的学生、指导老师和相关科系。在高校创建大学生创新创业实践基地，推动有市场前景的学生创新创业成果的转让和孵化，加速其产业化。

指导高校将创新创业课程纳入学分管理体系，并贯穿人才培养的全过程。在有条件的高校新建或合建创新创业教育学院，条件不足的高校可先探索建立创新创业教研室或相应的研究机构，并鼓励高校开发各类实用性的、可供推广的创新创业教材、教具和教学方式。在高校积极推广KAB创新创业课程培养模式。

鼓励高校建立促进大学生创新创业的校内激励机制，包括教师和学生的激励机制。对做出贡献的导师，在工作量认定、待遇报酬以及荣誉表彰等方面给予激励，把教师指导学生创新创业获得的奖项等同于同级别的教学成果奖，把指导学生参加的课外创新创业竞赛或训练活动列入教师职称评定、岗位评定和职级评定的指标中。

（三）加大财政对高校创新创业教育改革的引导力度

省财政安排创新创业教育改革专项资金，以奖代补鼓励高校建立和健全大学生创新创业工作机制。在高水平大学建设专项资金申报时，单列项目支持高校开展拔尖创新人才培养工程。把民办高等学校、高职院校纳入高等教育创新强校工程，推进不同层次、不同类型的高等学校争创一流、打造特色，构建协同创新机制。完善高等学校科技成果转化激励机制，鼓励高校积极转化职务科研成果，对科研负责人可以股份或出资比例等股权形式给予个人奖励，相关行政管理部门应给予股权确认并免征个人所得税。

探索建立省级大学生创新创业教育学院，作为理论智库重点研究和推进高校创新创业教育课程体系和教学评估体系建设。其主要工作内容包括开展创新创业教育相关研究，指导各高校创新创业教育学院工作，开展创新创业师资培训，开展高校创新创业校际交流与合作。在省级大学生创新创业教育学院下设资源共享中心，整合省内高校教育资源，实现科技文献、科学数据和仪器设备等资源的开放共享，提高资源有效利用率。

三、加大资源投入，建立健全大学生创新创业公共服务体系

（一）设立大学生创新创业政府引导基金

参照上海每年安排 1 亿元设立大学生科技创业基金的模式，每年在省财政就业专项资金中安排不少于 2 亿元的资金，设立大学生创新创业引导基金，用于资助各类服务大学生创新创业的风险投资基金或直接为大学生创新创业提供资金扶持。基金可以基金会的形式独立运作，并吸收社会资金参与接力扶持，引入市场力量和市场机制，综合运用子基金、风险补偿、绩效奖励等多种投入方式，建立覆盖创新创业链的多元化投入机制。在基金运营中把握以下三个方向：一是要提高基金投入质量。加强对基金投入的前端控制，尤其注意对符合国情省情的高精尖科技行业和第三产业的扶持。二是拓展基金辐射边界。科技是核心，坚持核心的同时也可以兼顾其他的一些创业类型，比如创意类、文化类等。三是要完善基金退出机制。政府起牵头引领作用，真正地将企业运作退让给市场，可根据实际情况按照退出机制或股份制，对企业进行进一步管理和扶植。鼓励各地发起设立各类支持大学生创新创业的引导基金，充分发挥引导基金的导向和杠杆作用，探索通过直接融资、风险担保、贷款贴息等多种方式，引领更多的社会资本进入大学生创业投资领域。搭建竞赛与金融市场的对接机制，促进风险投资与公共服务平台的联动和接力，为大学生创新创业项目提供资金支持。

（二）建设大学生创新创业综合金融服务平台

把"青创板"股权众筹平台建设成为全国性的平台，为面向全国大学生的创新创业项目和企业提供培育孵化、挂牌展示、投融资对接等综合金融服务，探索建立资本市场支持大学生创新创业的合作机制。出台支持"青创板"发展的政策意见，将其作为深化金融创新发展、加快科技创新的一项重要内容。在资金支持方面，设立"青创板"建设专项资金，用于支持系统软硬件建设、宣传推广、辅导培育体系建设、融资服务体系建设和重点课题研究等。设立大学生创新创业专项资金，专项扶持"青创板"挂牌项目。在政策支持

方面，建立促进青年大学生创新创业的金融扶持政策，包括设立青年创业小额贷款公司，鼓励各类担保资源向青创板挂牌的项目（企业）倾斜；支持保险公司设立青年大学生创业保险产品；鼓励上市公司、新三板挂牌企业参与"青创板"项目培育和产业并购等。对"青创板"挂牌企业给予创业初期税收优惠、债权融资贴息，对研发投入大的高科技研发型项目给予专项技术扶持资金。鼓励国家级高新技术开发区和各产业园区设立大学生创新创业孵化基地，支持"青创板"项目落地孵化，并给予其租金优惠、资金扶持。积极引导银行、证券、保险以及股权交易等金融机构为大学生创新创业提供特色金融产品和服务。

（三）建设大学生创新创业公共服务平台

综合运用政府购买服务、无偿资助、业务奖励等方式，支持公共服务平台和服务机构建设。充分发挥创业园、科技园、行业领军企业、创业投资机构、群众组织等社会力量，广泛打造一批省、市及高校的面向青年大学生的"青创空间"创业孵化平台，为大学生中小微创新创业企业成长发展提供低成本、便利化、全要素、开放式的创新创业综合服务，包括且不限于信息咨询、资产评估、财务顾问、产权交易等各类中介服务，在提供场地、减免税款、贷款优惠、资金支持等方面，为大学生创业保驾护航。针对"青创空间"孵化平台集中办公的特点，探索将"青创空间"打造成为政府各项补贴政策的落地服务窗口，为创业企业进行工商注册、申办各类优惠政策和扶持政策提供便利。一方面解决行政力量不足的问题，依托公共服务平台开展申请受理和集中办理；另一方面激发公共服务平台活力，丰富服务功能，终实现解决政策落地"最后 1 公里"的问题。

建立大学生创新创业实训基地，并挂牌大学生创新创业孵化服务中心，在基地中创建一批与新兴产业相关联的实验室、检测中心、试制中心，免费或以低于市场价格的方式向青年创业者提供技术服务，整体降低大学生参与创新创业活动的风险和成本。在各类大学生创新创业"青创空间"建立公共服务平台，为开展创新创业的大学生提供咨询培训、项目跟踪、申办文件编制、专利申请和代理登记等各种服务，为落地孵化的大学生创新创业企业提供政策咨询、法律服务、会计（税务）代理、产权登记保护、融资指导、技术支持和行政审批代理等服务。鼓励公共服务平台吸纳各类社会评估机构参与评估创新创业项目，定期开展创新创业项目的宣传、展示、推介和路演。鼓励社团组织、行业协会和各类公共服务机构开发公共网站，为大学生创新创业提供远程培训、网络模拟实践和共享资源库等信息服务。

（四）建设大学生创新创业实践训练平台

指导高校充分利用好大学生科技创新培育专项资金、大学生创新创业训练计划等项目平台，大力开展大学生创新创业实训活动，并重点依托省产学研协同创新平台覆盖计划培育出的一批协同创新研究中心、产业研究开发院、行业技术中心等新型研发组织，以及高校重点实验室、工程研究中心、国际合作平台、专业性研究院等创新平台，组织大学生开展以"新业态"项目为特征的创新创业训练。鼓励高校为学生创新创业训练提供必要的场地和经费保障，并结合实际，统筹安排实训资源，有针对性地制定学校层面的创新创业专项训练计划。引导、鼓励和支持大学生成立学生创业协会、学生科技创新协会等相应的学生组织，组织开展创新创业训练活动。确保学生在校期间至少参与一次创新创业训练活动，力求在这方面使学生达到 100% 全覆盖。

支持共青团等组织开展"挑战杯"大学生课外学术科技作品竞赛、"创青春"大学生创业大赛、青年创新创业大赛等一系列大学生创新创业竞赛活动。梳理各类创新创业竞赛，划分层级，分门别类，引导不同阶段、不同年级学生参与创新创业训练及竞赛，以赛促学、以赛促创、以赛促研、以赛促教、以赛促建，不断强化创新创业赛事的创新育人功能。各高校要建立竞赛作品数据库，健全竞赛优秀成果与资金、市场、政策、企业等的对接机制，不断提升各类创新创业竞赛的作品转化率。

支持高校把大学科技园打造成为中小微科技企业的前孵化器，在建设用地保障、建设后补助、风险补偿金等方面加大政策扶持力度，并将其打造成为政府扶持政策的对接平台、创新人才的支撑平台、创新技术的服务平台、企业信息服务的综合平台。继续实施科技特派员制度，实施一校一镇、一院一镇科技特派团行动，组织高校专业教师带领大学生到专业镇开展科技创新服务，推动教学实践与社会需求紧密对接。鼓励各类新型研发机构吸收大学生科技创新人才实习见习。

四、注重环境营造，在全社会形成支持大学生创新创业的工作氛围

（一）鼓励企业与高校建立创新平台

鼓励各地与高校围绕产业转型升级搭建创新创业服务平台，引导创新型大学生人才向企业集聚，借助企业资源开展大学生创新创业训练。鼓励企业与高校依托共建的创新平台，联合开展具有产业前景的大学生科技创新项目研究，推进校企的协同创新。鼓励企业在创新平台为大学生设置实习、实训、项目开发等各类岗位，推进校企协同育人，为大学生营造创新创业的良好氛围。鼓励科技特派员带领学生研究团队到企业开展项目实训，推动科技成果转化。

鼓励高校建立大学生创新创业"双导师制"，在校内为大学生配备熟悉大学生创新创业教学计划、各教学环节关系和培养目标的教师作为校内导师，在校外科研单位、协会、企业等单位选聘具有丰富的创新创业实践经验专家作为校外导师，使二者共同培养、指导大学生开展创新创业活动，培养大学生的创新素养、创业素质和创新创业能力。鼓励校外导师利用工作资源和自身业务，把社会项目引入高校，转变为大学生创新创业项目，与大学生开展项目研究对接，探索大学生创新创业项目的商业运作和社会价值实现的方式和路径。

（二）加强国内外创新创业领域的校级交流

制定对外交流计划，鼓励省内高校与国外大学、科研机构和企业开展创新人才培养合作和交流，以此提高省内大学生的学术水平和创新能力。鼓励省内高校与国外、境外学校和机构联合举办各类科技创新竞赛，举办大学生科技创新项目分享会，推动大学生参与科技攻关项目的实操实训，提高大学生开展科技项目研究的能力和技术水平。鼓励有条件的高校教师带领学生参与全球或区域性的科技合作计划，联合申报课题和发表高水平科研论文。鼓励高校实验室、大型科学仪器设备、基础性科技数据库和资源库面向全省高校学生开放、集成和共享。

（三）营造促进大学生创新创业舆论氛围

加大舆论宣传力度，通过各种媒体和渠道，宣传大学生创新创业政策，扩大政策的影响力和认知度。一是建立大学生创新创业服务网站，该网站由官方创建的大学生创业服务中心负责管理运营。利用现有的大学生创新创业的相关网络平台和各类培训机构、高校的创业网站进行整合和完善，为大学生创业提高宣传服务。该网站将作为大学生创新创业的各类政策宣传窗口、优惠政策申办窗口。鼓励各类社会机构和组织建立各类大学生创新创业服务网站，为大学生开展创新创业线上培训、信息咨询服务等。二是利用大学生创新创业竞赛和各类公共服务平台作为载体进行重点的大学生创新创业政策、服务、创业知识的宣传，在全社会营造激励和支持大学生开展创新创业的氛围。三是支持大学生创新创业公共服务平台开展"三创"，即创新、创意、创业的各类活动，让更多的人有机会创新创业，让创新创业成为时代强音。四是营造鼓励创新、包容失败的社会环境，在全社会倡导尊重知识、尊重创造、尊重人才的人文精神。充分发挥媒体的宣传和舆论引导作用，集中报道一批大学生创新创业先进事迹，树立一批典型人物，让创新创业成为时尚，倡导企业家精神和创客文化，树立崇尚创新、创业致富的价值导向，鼓励大学生将各种奇思妙想、创新创意转化的创新创业活动，让大众创业、万众创新从校园兴起并在全社会蔚然成风。

从大学生创新创业发展中政府发挥的四个作用形式出发，提出了促进大学生创新创业发展中政府作用优化的建议。在政策制定方面，制定和完善促进大学生创新创业发展的政策体系。在战略规划方面，完善省级、校级两级工作机制建设，并充分发挥财政引导力度鼓励高校开展大学生创新创业。在资源配置方面，重点投入和支持大学生创新创业开展的公共服务体系建设。在环境营造方面，着重营造全社会共同参与支持大学生创新创业发展的氛围。

参考文献

[1] 李春江．新工科背景下大学生创新创业教育及其融合递进支持体系的探索与实践 [M]．北京：中国纺织出版社，2021．

[2] 曾宪立．大学生创新创业教育体系的构建 [M]．哈尔滨：哈尔滨出版社，2023．

[3] 谢均．大学生创新创业教育体系的构建研究 [M]．吉林出版集团股份有限公司，2019．

[4] 李鸿嘉，魏轶男．大学生创新创业教育体系的构建及其发展研究 [M]．上海：上海交通大学出版社，2017．

[5] 卞志刚．大学生创新创业教育与培养体系构建研究 [M]．北京：中国商务出版社，2020．

[6] 方娜．高校大学生创新创业教育培养体系构建研究 [M]．哈尔滨：东北林业大学出版社，2018．

[7] 李子毅，刘佩．大学生创新创业指导 [M]．北京：北京理工大学出版社，2019．

[8] 蒋德勤．大学生创新创业基础 [M]．北京：中国商业出版社，2020．

[9] 傅时波．大学生创新创业基础 [M]．北京：中国原子能出版社，2020．

[10] 白云莉．大学生创新创业教育新模式研究 [M]．天津：天津科学技术出版社，2021．

[11] 李明慧．大学生创新创业理论与技能指导 [M]．成都：四川大学出版社，2021．

[12] 李晓峰，徐海鑫．大学生创业教育体系的构建与实践 [M]．北京：经济日报出版社，2019．

[13] 张莉．大学生创新创业训练 [M]．上海：上海交通大学出版社，2018．

[14] 连银岭．大学生创新创业教育 [M]．北京：北京理工大学出版社，

2018.

　　[15] 王青迪 . 大学生创新创业教育与就业指导 [M]. 上海：上海三联书店，2019.

　　[16] 韩光 . 基于互联网 + 视阈的大学生创新创业教育研究 [M]. 北京：北京工业大学出版社，2023.

　　[17] 葛茂奎 . 大学生创新创业教育与探索 [M]. 吉林：吉林出版集团股份有限公司，2018.

　　[18] 陈审声 . 基于"互联网 +"视角下的大学生创新创业教育 [M]. 北京：冶金工业出版社，2019.

　　[19] 党建民 . 大学生创业教育基础 [M]. 徐州：中国矿业大学出版社，2020.